우리말, 가슴을 울리다

| 조현용 |

우리말, 가슴을 울리다

초판 발행 2012년 7월 12일 1쇄
2015년 9월 10일 3쇄
지은이 조현용
펴낸이 박민우
기획팀 송인성, 김선명, 박민하
편집팀 박우진, 김영주, 김정아, 최미라
관리팀 임선희, 정철호, 김성언, 권주련
펴낸곳 (주)도서출판 하우

주소 서울시 중랑구 망우로 68길 48
전화 (02)922-7090
팩스 (02)922-7092
홈페이지 http://www.hawoo.co.kr
e-mail hawoo@hawoo.co.kr
등록번호 제306-2004-22호

값 14,000원
ISBN 978-89-7699-887-3 03710

이 책은 저작권법에 따라 보호받는 저작물이므로 무단전재와 무단복제를 금지하며,
이 책 내용의 전부 또는 일부를 이용하려면 반드시 저작권자와 도서출판 하우의 서면 동의를 받아야 합니다.

우리말, 가슴을 울리다

| 조현용 |

| 차 례 |

제1부 우리말과 깨달음

| 울음 · · · · · · 12
| 마음을 놓다 · · · · · · 16
| 먹고 살 만하다 · · · · · · 19
| 믿다와 묻다 · · · · · · 23
| 병이 낫다 · · · · · · 26
| 눈치 · · · · · · 30
| 제사(祭祀) · · · · · · 33
| 배우다와 깨닫다 · · · · · · 36
| 야(野/夜)하다 · · · · · · 38
| 살림살이 · · · · · · 40
| 눈여겨보다 · · · · · · 43
| 나다와 들다 · · · · · · 46
| 사람이 되다 · · · · · · 50
| 말빚 · · · · · · 54
| 시차적응(時差適應) · · · · · · 57

| 눈에 밟히다 · · · · · · 60
| 인간 무상(無常) · · · · · · 63
| 며늘아기 · · · · · · 66
| 버시 · · · · · · 70
| 어머니 · · · · · · 73
| 자라다 · · · · · · 77
| 사람이 변하면 죽는다 · · · · · · 81
| 마당발 · · · · · · 85
| 성인(成人)과 대인(大人) · · · · · · 88
| 머리가 아프다, 가슴이 아프다 · · · · · · 91
| 맞먹다 · · · · · · 94
| 천국(天國) · · · · · · 98
| 깨다 · · · · · · 102

제2부 우리말과 세상을 보는 눈

말과 소리 108
언어(言語) 111
헛기침 113
말 한 마디로 천 냥 빚을 갚는다
. . . . 116
감탄사(感歎詞)가 절로 난다
. . . . 120
명사(名詞)와 동사(動詞)의 시각
. . . . 124
형용사(形容詞)의 발달 . . . 128
무엇의 대명사(代名詞) . . . 132
해님과 달님 136
한 세 시쯤 139
토를 달다 143

반말 147
말버릇 150
'어서'와 '니까' 154
개고기 158
정 162
절벽(絶壁) 166
꿈 170
'-씨' 174
신경질 178
금기(禁忌) 182

제3부 한국어와 한국 사회

왕따 188	요즘 젊은 것들 229
타임머신(Time machine) .. 192	맨날 술이야! 233
연예인(演藝人) 196	새해가 밝다 237
이름 200	기를 살리다 240
인문학(人文學) 204	나쁘다와 밉다 244
스마트(smart) 207	나누다 247
국격(國格) 211	못살다 251
위령제(慰靈祭) 214	문화(文化) 255
인터뷰(interview) 218	정보(情報) 258
추억(追憶) 221	핵주먹 261
도장 225	

제4부 한국어를 가르치며

학자(學者) 266
-답다 269
스승 272
선생님의 눈물 275
순례(巡禮) 278
번역(飜譯) 282
강의(講義) 285
학습(學習) 288
한글날 292
뿌리 교육 296
재외동포 한국어 전문가 . . 300
포대기로 키운 아기 304

아버지가 한국어를 배우는 이유
. . . . 308
참전의 기억 311
일본에 부는 한국어 바람 . . 315
인도네시아의 한국어 풍경 . 319
망향의 그리움 323
한국어가 제일 쉬운 언어 . . 326
한글 수출 330
선생님에게 필요한 책들 . . 333
한류와 한국어 337
한류의 조건 341

찾아보기 345

| 책머리에 |

처음에는 우리말에 관심이 있었습니다. 우리말의 구조와 의미, 법칙 등을 알아가면서 기쁨을 느끼기도 했습니다. 그러면서 점점 우리말에 담긴 우리의 사고에 관심이 깊어 갔습니다. 우리말은 단순히 언어가 아니라 한국인의 사고를 깊게 담고 있다는 것을 알게 되었습니다. 또한 언어는 사고와 함께 우리의 문화를 담고 있는 그릇이라는 생각을 하게 되었습니다. 제가 쓴 글은 주로 언어를 통해서 세상과 소통하고자 하는 제 바람을 담고 있습니다.

딱 10년 전쯤에 잠을 못 자는 병에 걸린 적이 있습니다. 몇 달 동안 잠을 못 자면서 내 머리끝까지 뻗쳐 있는 두려움이나 답답함이나 떨림을 볼 수 있었습니다. 괴로운 시간이었습니다. 그 때 썼던 글들이 주로 '우리말 깨달음 사전'에 담겨 있습니다. 가장 부정적인 순간에 가장 긍정적인 생각을 할 수 있었습니다. 저는 그 때 아팠던 것을 고맙게 생각합니다.

'우리말로 깨닫다'는 그 후 4년 정도의 시간을 지낸 후 펴 낼 수 있었습니다. 좀 더 어휘와 깨달음의 문제에 집중해서 생각하는 시간들이었습니다. 어찌 보면 늘 어휘를 바라보며 시간을 보낸 것 같습니다. 나를 깨뜨리는 문제가 관심사였습니다. 고정관념, 기존의 습관들을 깨고 새로운 시각을 따뜻하게 갖고 싶었습니다.

다시 또 몇 년이 지나고, '우리말, 가슴을 울리다'를 세상에 내놓습니다. 이 책은 여러 선생님의 가르침이 큰 힘이 되었습니다. 뉴욕주립대학의 박성배 선생님, 성균관대학의 전헌 선생님은 나와 세상이 둘이 아님을, 사람의 감정이 얼마나 소중한 것인지를 들려 주셨습니다.

우리말에는 우리가 있습니다. 그리고 세상을 보는 틀이 담겨 있습니다. 우리말은 우리가 둘이 아님을 보여줍니다. 세상의 아픔이 곧 나의 아픔임을 보여줍니다. 함께 울고, 함께 아파하고, 서로 치유해 주어야 함을 보여줍니다. 그것이 우리의 자연스러운 감정임을 이야기하고 있습니다.

우리말을 통해서 제가 느꼈던 울림이 글을 읽는 여러분에게도 전달되기 바랍니다. 세상을 좀 더 따뜻하게 바라보고, 함께 살아가는 것이 기쁜 일임을 다시 생각하는 시간이었으면 합니다.

2012년 7월에 조현용

| 제1부 |

우리말과 깨달음

울음 | 마음을 놓다 | 먹고 살 만하다 | 믿다와 묻다 | 병이 낫다 | 눈치 | 제사(祭祀)
배우다와 깨닫다 | 야(野/夜)하다 | 살림살이 | 눈여겨보다 | 나다와 들다 | 사람이 되다
말빚 | 시차적응(時差適應) | 눈에 밟히다 | 인간 무상(無常) | 며늘아기
버시 | 어머니 | 자라다 | 사람이 변하면 죽는다 | 마당발 | 성인(成人)과 대인(大人)
머리가 아프다, 가슴이 아프다 | 맞먹다 | 천국(天國) | 깨다

울음
가슴을 울리는 소리

아기들의 모습을 보면 인간의 원초적인 모습들이 담겨 있는 것 같아서 흥미롭습니다. 인간의 본능 속에서 인간이 살아가야 하는 길을 발견하게 되는 경우도 있어서 깨달음을 얻기도 합니다.

아기들의 특성을 보면서 흥미로운 것은 한 아기가 울면 다른 아기들도 덩달아 운다는 것입니다. 어른들은 시끄럽다고 이야기하면서도 신기해합니다. 왜 아기들은 함께 울까요? 아마도 추측컨대 외부의 위험에 대처하는 방법일 수도 있겠다는 생각이 듭니다. 동물의 경우에도 위험이 닥치면 서로 소리를 내어 알리지 않던가요? 하지만 사람이기에 동물과는 다른 이유가 있지 않을까 하는 궁금증이 생겼습니다.

사람들은 나이가 많아지면 눈물도 많아진다고 합니다. 눈물은 단순히 눈에서 나오는 물은 아닙니다. 어떤 이는 눈물을 오장육부를 돌아 나온 액체라고 하였는데 일리가 있는 말입니다. 저는 눈물은 공감할 수 있는 일이 많아진 삶의 흔적이라고 이야기 하고 싶습니다. 공감할 일이 많아야 눈물도 흘리는 것이라는 생각이 듭니다. 부모가 되고 나서야 부모의 이야기를 공감하고, 가까운 이들을 여의고 나서야 죽음의 슬픔이 다가 옵니다. 경험이 많아질수록 감정의 이입이 빨리 됩니다. 상대편의 마음이 어떨지 생각만 해도, 그 모습만 봐도 알 수 있는 것입니다. 그래서 점점 눈물이 많아지는 것입니다.

특히 우리의 눈물샘을 자극하는 것은 상대편의 눈물입니다. 다른 어떤 슬픈 이야기보다 우리를 슬프게 하는 상황은 상대방의 뺨 위로 조용히 흐르는 눈물입니다. 그리고 뒤돌아 들썩이는 어깨는 우리를 참을 수 없게 합니다. '내가 왜 이러지?'하면서 눈물을 닦아내는 모습이 가장 인간다운 모습일 것입니다. 감정은 쉽게 전이 됩니다. 다른 이의 고통을 내 고통으로 여기는 것은 인간의 아름다운 본능입니다.

우리말의 '울다'에서 파생된 단어에는 '울리다'가 있습니다. 우리말의 '울다'는 '소리' 또는 '진동'과 연관되어 있는 말입니다. '울리다'라는 말의 의미를 생각해 보면 아이를 울리는 것도 있고, 가슴을 울리는 것도 있습니다. 가슴을 울리는 것은 북을 울리는 것이나 '산울림'과 같이 파장을 일으켜 전달하는 것입니다. 감정의 파장이 전달되는 것입니다. 따라서 우리말의 '울음'은 단순히 개인적인 감정만을 나타내는 것은 아닌 듯합니다. 울음은 개인에게서 시작했지만, 그 느낌은 서로의 가슴 속으로 전달되는 것입니다. 그것이 우리가 눈물에 공감대를 형성하고 슬픔을 나누는 이유입니다.

　　슬픔을 나누는 것은 인간의 본성이라는 생각이 듭니다. 한 아기가 울면 다른 아기들이 모두 같이 울듯이 우리는 다른 이의 슬픔 앞에서 함께 눈물을 흘려야 합니다. 슬픔은 이성적으로 따지는 것이 아닙니다. 불쌍한 이를 만나면 슬퍼하며 돕고, 아픈 이를 만나면 슬퍼하며 고쳐주려 하고, 배고픈 이를 만나면 얼른 먹을 것을 건네는 것이 인간의 본성이라는 생각이 듭니다.

　　요즘에는 텔레비전을 보다가 우는 장면이 나오면 나도 모르게 눈물이 고입니다. 그 아픔이 느껴집니다. 하지만 단순히 눈물만 따라 흘릴 것이 아니라 그 아픔을 치유해 주기 위해서 좀 더 적극적으로 움직여야겠다는 생각이 듭니다. 내게 다가온 울림을 개인의 감정에서만 머무르지 않게 더 큰 울림으로 전달해야 하겠습니다. 우리가 함께 우는 이유가 무겁게 다가오는 아침입니다. 우리 모두 함께 울고, 함께 길을 나섰으면 합니다.

마음을 놓다

집착을 버리는 것

우리에게는 몸이 중요한가요, 마음이 중요한가요? 아마도 모든 것이 '마음먹기'에 달렸다는 생각과 함께 '마음'의 중요성을 이야기할 겁니다. 그러나 단순히 언어의 관점에서 본다면 '몸'이 더 중요하다고 할 수 있습니다. 우리말의 '몸과 마음'이라는 표현에서 '몸'이 앞에 쓰이는 것은 그것을 중요시하는 태도가 무의식중에 담겨있기 때문입니다. 한자에서는 반대로 심신(心身)이라고 합니다.

허나 '몸과 마음(맘)'이라는 단어가 모음만 차이가 있을 뿐 형태가 유사한 것은 서로가 서로를 떠나서 존재할 수 없음을 나타내는 것이 아닌가 합니다. 몸을 떠나서 마음이 존재할 수 없고, 마음이 떠나간 몸은 그저 주검에 지나지 않습니다. 우리말에는 마음과 관련된 표현이 다양하게 나타나는데, 이러한 표현들은 '마음'에 대한 우리 민족의 태도를 보여주고 있습니다.

마음은 물리적으로 보면 심장이라고 할 수 있습니다. 그래서 우리는 마음이 아픈 것을 '가슴이 아프다'고 합니다. 실제로 심장이 터질 듯한 답답함과 고통을 느끼기도 합니다. 이런 경우에 '마음이 좋지 않다'고도 합니다. 병이 들게 되는 것입니다. 무엇에 대한 관심이 생기는 것은 '마음에 두다'라고 하는데, 이는 관심 있는 것을 가져다 그곳에 두었다는 뜻이 됩니다. 그리고 그것을 좋아하게 되면 '마음에 들었다'라고 표현합니다. 내 마음에 들어 왔다는 의미가 되는 것입니다.

어떤 것 때문에 마음이 불편하고 걱정이 되는 것을 '마음이 쓰인다'고 합니다. 마음 쓰임이 지나치면 욕심이 되고, 집착이 되는 것입니다. 이렇게 더러워진 마음은 비워내야 합니다. 그래야 욕심이 사라지게 되는 것입니다. 하지만 '마음을 비운다'는 것은 쉬운 일이 아닙니다. 어쩌면 마음을 텅 비운다는 것은 불가능한 것일 수도 있습니다. 차라리 떠돌아다니는 마음을 애써 붙잡지 말고 탁 놓아버리는 것은 어떨까 하는 생각을 해 봅니다. 그래야 '마음이 놓이는' 것이고, '마음을 놓게 되는' 것입니다. 우리말에서 '마음을 놓는 것'만큼 편안한 느낌의 표현이 있나 싶습니다. 무슨 일이든지 '마음 놓고' 하는 것만큼 즐거운 일이 있을까 싶습니다. 내 마음속에 붙잡고 있는 것은 무엇인가 들여다봅니다. 놓아 버려야겠습니다. 다 흘려보내야 하겠습니다.

먹고 살 만하다

만족을 보여주는 말

살면서 뭐가 제일 중요할까요? 우리말을 들여다보면 몇 가지 답이 나옵니다. 기본적인 관점에서 본다면 '먹는 것'이 중요하다고 할 수 있습니다. 한자어에서는 '의식주(衣食住)'라고 해서 '입고, 먹고, 자는 것'이 중요하다고 하지만 우리말에서는 우선적으로 '먹는 것'을 중요하게 생각한 것 같습니다. 그래서 '먹고 살 만하다'라는 말이 나온 것입니다. 좋은 옷을 입고, 좋은 집에 사는 것은 다 부차적인 문제입니다. 우선 먹고 사는 것이 중요한 것입니다.

물론 '배부르고 등 따뜻하다'고 해서 뜨끈한 온돌방에서 누워있는 것도 행복으로 쳤습니다. 하지만 뭐니 뭐니 해도 먹는 문제가 중요했습니다. 배가 고프면 도덕도, 윤리도 쉽지 않습니다. '사흘 굶어서 남의 담 안 넘는 사람 없다'

는 말도 그래서 나온 것입니다. 굶주린 사람들에게 아름다움을 이야기하고, 깨달음을 이야기하고, 영원한 삶을 이야기하는 것은 어려운 일입니다. 귀에 들어오지도 않을 겁니다. 그런 의미에서 먹고 사는 문제를 해결하는 것은 참으로 중요합니다.

정치를 하는 사람들도 모두 먹고 사는 문제의 해결을 구호로 내세웁니다. 그렇지 않으면 당선되기가 어렵습니다. 어느 정도 먹고 사는 사람들도 더 잘 먹고 잘 살기 위해서 노력합니다. '보릿고개'도 없어졌다고 하고, '굶기를 밥 먹듯이 한다'는 말도 이제 거의 사라진 것 같지만 여전히 배고픔을 해결하는 것이 중요한 일로 남아 있는 것입니다.

또한 무엇을 먹고 사는가에 대한 문제도 여전히 관심사입니다. 유기농 채소를 먹으려 하고, 건강에 좋다는 음식을 먹으려 하고, 다이어트에 도움이 되는 음식을 먹으려고 합니다. 아이러니하게도 '0' 칼로리의 음료가 인기가 좋아지기도 합니다. 먹기는 먹되, 영양은 전혀 없는 음식을 찾고 있는 겁니다. 굶주리던 시절을 생각해 보면 다이어트는 정말 이해가 안 되는 일일 것입니다. 일부러 살을 빼기 위해서 굶는다는 말이 이해가 될까요? 예전에는 나온 배를 좀 두드리고 있어야 잘 사는 사람이었지만, 이제 더 이상 배 둘레가

'부'의 상징이 아니게 되었습니다. 그저 운동이 필요한 사람일 뿐이죠.

하지만 '먹고 살 만하다'라는 말에서 저는 많은 반성을 합니다. 그저 먹고 살 정도면 충분히 만족할 수 있는데, 너무나 많은 욕심을 내고 있는 것이 아닌가 생각합니다. 우리는 '누구나 하루 세 끼 먹지 더 먹는가?'라는 말도 합니다. 참 좋은 말입니다. 주어진 조건이 좀 다르기는 하겠지만 세 끼 식사에 만족하면 되는 것입니다. 차려진 밥상이야 다르겠지만 배부른 것은 마찬가지라는 우리의 생각을 보여줍니다. 생각해 보면 다른 욕심에 비해서 먹는 욕심은 한계가 있는 것 같습니다. 아무리 맛있는 음식이라도 몇 끼를 계속 먹으면 고통이 됩니다. 아무리 귀한 음식이라도 몇 그릇씩 먹게 되면 나중에는 고문이 되고 맙니다. 옷이나 집하고는 전혀 다릅니다. '먹고 살 만하다'라는 말 속에는 만족할 줄 아는 마음이 보입니다.

저도 이제 좀 먹고 살 만한 것 같습니다. 걸치장이나 집을 생각해 보면 욕심이 한도 끝도 없겠지만, 먹는 것만 돌아보면 만족하고 살아도 될 것 같습니다. 먹고 살 만하면 해야 할 일들이 많습니다. 내 배가 부를수록 다른 이의 주린 배에 관심이 많아져야 합니다. 부른 배를 더 채우려는 어리석음을 버려야 하는 것입니다. 그리고 사람이 '빵'으로만 사는 것이 아니라는 고민도 있어야 합니다. 먹기 위해서 사는 것인지 살기 위해서 먹는 것인지 말이 많지만 단순히 먹기 위해서 이 세상에 태어나지는 않았을 겁니다. 귀한 양식을 가지고 몸과 마음을 자라나게 해야 하는 것입니다.

    먹고 살 만하다면 어떻게 사는 것이 사람답게 사는 것인지, 어떤 일을 해야 사람 노릇하면서 살아가는 것인지 조용히 생각해 볼 필요가 있습니다. 그리고 그렇게 살아갈 수 있도록 스스로를 다잡아야 할 것입니다.

믿다와 묻다

아름답게 변하는 것

서정범 선생님께 우리말을 배울 때의 이야기입니다. 선생님께서는 '믿다'와 '묻다'는 말의 어원이 같다고 하셨습니다. 이해가 되면서도 되지 않는 말씀이었습니다. 두 단어를 살펴보면 둘 다 '말[言]'에 기원을 두고 있습니다. 한자를 보면 '믿을 신(信)' 속에 말이 보입니다. 말을 믿는 것입니다. '물을 문(問)'이라는 글자를 보면 '입'이 들어 있는데 이것도 말과의 연관성을 보여 줍니다. 하지만 저는 '믿다'와 '묻다'는 전혀 다른 반대의 행위가 아닐까 하는 생각이 들었습니다. 묻는 게 많으면 믿지 못하는 것이고, 믿는다면 물어서는 안 되는 것이 아닌가 하는 생각이 들었습니다. 그래서 그때는 어원은 같지만 서로 관련성은 없는 단어로 한쪽에 미루어 두었습니다.

스토니부룩 대학의 박성배 선생님께서 '믿는다는 말은 변했다는 의미'라고 말씀하셨을 때 많은 생각이 머릿속을 맴돌았습니다. '믿다'라는 말은 사실 종교에서 가장 중요한 어휘일 겁니다. 믿는 대상이 무엇이든 간에 종교에 빠질 수 없는 것이 믿음일 것입니다. 그래서 많은 사람들이 부처님을 믿는다고 하고, 예수님을 믿는다고 합니다. 하지만 믿음은 박성배 선생님의 말씀처럼 변화가 전제되어야 하는 행위입니다.

믿는다는 사람이 그 전의 모습과 달라진 것이 없다면 그것은 믿는 것이 아닙니다. 그리고 변화하되 아름답게 변해야 합니다. 변화의 예로 사랑을 볼 수 있습니다. 우리는 사랑을 시작한 사람에게 '요즘 무슨 일이 있어요? 많이 예뻐졌네요!'라는 말을 합니다. '누구를 사랑하는 것 아니에요?'라는 질문도 합니다. 대개 사랑을 하면 예뻐집니다. 사랑을 하면 변화가 시작되기 때문입니다. 사랑은 사람을 아름답게 만듭니다. 사랑하는 이에게 더 좋은 모습을 보이기 위해서 스스로도 노력하고, 본능적으로도 변화가 오는 것입니다. 사랑하는 사람 앞에 서면 눈동자의 색이 짙어진다고 합니다. 사실은 관심이 있을 때 동공이 확대되는데, 그래서 더 검은 느낌을 주는 것이라는 이야기입니다. 사랑하는 사람들

앞에서 내 눈빛은 어떨지 궁금해졌습니다. 검어 보이기 바랍니다.

믿음은 사랑보다 더 큰 변화를 주어야 한다는 생각입니다. 깨달았다는 이가, 깨쳤다는 이가 기존의 모습과 달라지지 않고, 더 집착 속에서 살아간다면 그것은 믿음이 아닐 겁니다. 그리고 믿는 이가 묻지 않는다면 그것은 맹목적인 믿음일 수밖에 없을 겁니다. 믿을수록 물어야 합니다. 모든 것을 의심하고 스스로를 깨뜨릴 수 있도록 묻고, 또 물어야 할 겁니다. 이때의 의심은 부정적인 의심이 아닙니다. 본인이 믿지 못하고 있음을 솔직히 드러내는 정직한 의심인 것입니다.

두 선생님의 말씀이 결국은 하나로 통하고 있음을 깨닫습니다. 믿기 위해서 끊임없이 묻고, 믿는다면 아름답게 변화해야 하는 것입니다.

병이 낫다

병 앞에서 겸손해지는 것

'건강하세요!'라는 인사말에는 아프지 말라는 의미가 담겨 있고, 병에 걸리지 말라는 기원이 담겨 있습니다. 살면서 제일 무서운 것이 병에 걸리는 것이라는 생각이 듭니다.

살면서 병에 걸리지 않을 수는 없겠으나 가능하면 병에 덜 걸리고 살기를 모두 바랄 것입니다. 가장 큰 복 중의 하나가 죽을 때 큰 병에 걸리지 않고, 자다가 숨을 거두는 것이라는 이야기도 일리가 있습니다.

존경하는 선생님께서 감기에 걸리셨다가 '이제 좀 좋아졌다'고 하신 편지를 보고서 재미있다는 생각이 들었습니다. 물론 여기에서 '좋아졌다'는 말은 '몸이 좋아졌다'는 말일 것입니다. 하지만 우리는 '감기가 좋아졌다'고 표현하기도 합니다. 자신을 그렇게 괴롭히던 감기가 이제는 '좋아졌다'니

재미있습니다.

병과 서로 다투고, 이겨내려고 싸울 때에는 병은 잘 떨어져 나가지 않습니다. 오히려 병을 받아들이고, 내 속에서 함께하면 자연스레 우리를 떠나게 되는 것입니다. 의학적으로는 잘 모르겠으나 병을 바라보는 우리의 태도를 알 수 있는 말이 아닐까 합니다.

'병이 낫다'라는 표현도 다시 생각해 보니 재미있습니다. 우리는 병이 '낫다'라는 표현이 '났다'와 발음이 비슷해서 혼동하는 경우가 있습니다. '나는 병이 낫다'는 말이 '병이 났다(생겼다)'는 말로 들리기 때문입니다. 그런데 가만히 생각해 보면 '낫다'라는 말은 병에서 '회복하다'라는 의미도 있지만 '다른 것보다 더 좋다, 우수하다'라는 의미도 있다는 것이 흥미롭습니다.

여태까지는 단순한 동음어가 아닐까 생각하고 있었는데, 앞의 '병이 좋아지다'와 연관해서 생각해 보니 전혀 다른 해석이 되었습니다. 병 앞에서 내가 나의 한계를 깨닫고 낮아지면 병이 나보다 낫게 되는 것입니다. 즉, 병이 나보다 낫다는 것을 인정할 때, 병은 낫게 되는 것입니다.

신라의 향가 중에 처용가라고 하는 노래가 있습니다. 처용은 자신의 아내를 범한 역신에게 '본래 내 것이지만 앗아감을 어찌 하리오!'라고 하는 말로 관용을 베풉니다. 인간의 관계라면 이상한 장면이겠으나, 역신이 병을 나타내는 것이라고 하면 이해가 됩니다. 병을 이기려 하지 않고 병에 순응하려고 하는 우리 조상들의 태도를 엿볼 수 있기 때문입니다. 역신은 처용의 이러한 태도 앞에 스스로 물러가게 됩니다.

병을 이겨내려는 의지는 물론 중요합니다. 그리고 우리 모두 이겨낼 수 있기를 진심으로 기원합니다. 그러나 내가 왜 이 병에 걸리게 되었는지, 그 동안 건강에 대한 자만은 없었는지 생각해 보기도 하여야 할 것입니다. 불규칙하고, 무절제한 생활, 게으른 하루하루가 만들어낸 병일 수도 있습니다. 또한 지나친 집착이 만들어낸 스트레스가 모든 병의 원인이 되었음도 생각해야 할 것입니다. 어쩌면 나의 나태한 생활에 반성의 시간을 주기 위해서 병이라는 고통의 시간을 선물(?)한 것일 수도 있습니다.

죽을병을 앓고 난 사람들에게는 특별한 세계가 펼쳐지기도 합니다. 작은 병이라도 앓고 나면 주변 사람에 대한 고마움과 그리움도 깊어지게 됩니다. 또한 주변 사람들이 아픈 경우를 생각해 보면 병은 그 자신뿐만 아니라 주변의 모습까지 바꿔 함께 자라나게 하는 것입니다. 그러한 점에서 병은 우리를 자라게 하는 고통이 되기도 합니다.
 병이 나보다 낫다는 생각, 그래서 결국은 병이 좋아지게 되는 우리, 이것이 우리의 선조들이 병을 바라보던 관점이 아니었을까 하는 생각을 해 봅니다. 병은 우리를 낮아지게 만듭니다. 그래서 건강한 모습들을 더 소중하게 생각하게 하는 것입니다.

눈치

관심의 언어

'눈치'라는 표현은 참 재미있습니다. 언어적으로 보면 '눈으로 하는 어떠한 일'인데, 그 '일'의 의미를 자세히 파악하기란 쉽지가 않습니다. 눈치와 관련된 표현으로는 '눈치를 보다, 눈치를 주다' 등이 있고, '눈치가 있다, 눈치가 없다, 눈치가 빠르다'와 같은 표현이 있습니다. 눈치를 부정적으로 생각하는 경우도 있는데 그것은 아마도 '눈치를 보다'라는 표현에서 비굴함이 느껴져서인 듯합니다. '눈칫밥을 먹다'라는 표현에서도 차별의 느낌이 있게 되죠. 하지만 눈치와 관련된 다른 표현들을 살펴보면 눈치는 오히려 언어의 한계를 넘어서는 의사소통 행위라는 생각이 듭니다. 때로 말을 말 그대로 알아듣는 사람은 눈치가 없는 것입니다. 친구 집에 갔는데, 친구가 자꾸 피곤하다고 하면 그만 집으로 와야 하는 것입니다. 왜 피곤하냐고, 오늘 무슨 일이 있었냐고 캐묻는 것은 눈치가 없는 것입니다. 아마 집에 애인이라도 오기로 돼 있을지도 모릅니다. 눈치가 빠른 사람은 상황 판단이 빠를 뿐만 아니라 분위기를 잘 파악하는 사람이기도 합니다. 눈치가 빠른 사람은 그야말로 '척하면 척'인 거죠. 이런 사람하고 일을 하면 일이 신이 납니다. 내가 원하는 것이 무엇인지를 잘 아니까 불편함이 없습니다.

말로 하지 않아도 눈치가 빠른 사람은 다 알아듣습니다. 맞선보는 자리에서 이 이야기, 저 이야기 주절거리고 있는 주선자는 눈치가 없는 겁니다. 슬그머니 있지도 않은 다른 약속을 핑계 대며 일어서 줘야 눈치가 있는 것입니다. 어떤 경우에는 눈짓을 해주어도 이해하지 못하고, 도리어 눈에 뭐가 들어갔냐고 물어보는 사람도 있습니다. 참 눈치가 없는 경우죠. 이런 사람들은 우리에게 답답증을 줍니다. 눈치코치라는 말도 생겨났는데, 아마도 보는 것 뿐 아니라 냄새 맡는 것에서도 상황을 이해하려는 노력을 해야 한다는 의미일 것입니다. 어쩌면 우리는 눈치, 코치 말고도 온 몸의 감각을 이용하여 주어진 상황들을 이해하려고 노력해야 할 것입니다.

우리는 전통적으로 눈치를 중요하게 생각한 듯합니

다. 그래서 '눈치가 빠르면 절에 가서도 새우젓을 얻어먹는 다'고 한 것입니다. 자신이 원하는 것을 잘 해결해 주는 사람에게는 무엇이라도 해주고 싶은 것이 인지상정일 겁니다. 오죽하면, 아니 얼마나 좋았으면 스님 계신 곳에서 새우젓을 줄까요?(갑자기 절에 왜 새우젓이 있었는지는 궁금해집니다.)

눈치를 기르는 최고의 방법은 바로 관심입니다. 상대방이 무엇을 좋아하는지, 어떤 음식을 먹고 싶어하는지, 무슨 색을 좋아하는지 등 우리가 관심을 가져야 하는 것은 무척이나 많습니다. 관심을 갖게 되면 상대방이 원하는 것을 해 줄 수 있습니다. 그러면 서로 통한 것입니다. 눈치가 생기는 것입니다. 눈치는 단순히 약삭빠름이 아닙니다. 눈치는 우리 의사소통의 한 방법입니다.

제사(祭祀)

아련한 그리움

제사는 우리 선조들이 중요하게 생각했던 의례 중의 하나입니다. 관혼상제(冠婚喪祭) 중에서 어른이 되는 '관(冠)'은 오늘날 거의 이루어지지 않고 있으니 '혼상제' 중의 하나라고 할 수 있을 겁니다. 최근 들어서는 종교적인 관점이나 개인적인 신념, 집안의 사정 등으로 제사를 지낼 것인가 말 것인가에 대한 여러 이견도 존재합니다.

제사는 왜 지낼까요? 현대인들에게 물어보면 돌아가신 부모님이나 조상이 와서 진짜로 음식을 먹을 것이라고 생각하는 사람은 거의 없는 것 같습니다. 제사가 종교적인 행위이면서도 종교적이지 않게 바뀌는 이유도 사람들의 이러한 인식과 관련이 있을 것입니다. 그렇다고 해서 제사가 단순히 형식적인 행사가 되어서도 곤란하다는 생각이 듭니다.

전헌 선생님 강의를 들으면서 오랫동안 기억에 남은 이야기가 있습니다. 선생님은 '살아있는 부모님은 속일 수 있지만, 돌아가신 부모님은 속일 수 없다'는 말씀을 하셨습니다. 돌아가신 부모님을 속일 수 없다는 말은 돌아가신 부모님은 모든 것을 다 알고 있다는 말도 됩니다. 실제로 알고 있는가 하는 것은 중요한 문제가 아닙니다. 이제 부모님이 모르겠지 하는 마음으로 부모님의 바람을 어겨가며 살면 안 된다는 의미가 되는 것입니다.

우리는 제사를 지내면서 부모님이나 조상님을 생각할 것입니다. 부모님을 기억하면서 그동안 부모님의 바람대로 살지 않은 스스로를 반성하여야 할 것입니다. 제사가 경건해야 하는 것은 부모님의 혼이 오셔서 음식을 먹기 때문이 아니라, 나의 모습을 돌아보고 추스르는 자리이기 때문인 것입니다.

저는 학생들에게 한국인의 전통적인 종교는 조상숭배라고 이야기합니다. 종교라는 말은 '가장 높은 가르침'이라는 뜻입니다. 따라서 그 의미를 되새겨 보면 예부터 우리는 부모님의 말씀대로 사는 것을 중요시하였다고 볼 수 있습니다. 우리에게는 늘 조상이 중요했습니다. '조상님의 뜻'이라든가 '조상님이 도와서'라는 말에는 조상을 생각하는 우리의 마음이 담겨있습니다. 특히 우리에게는 부모님이 중요했습니다. 그래서 '효'가 가장 중요한 가치였던 것입니다. 어머니, 아버지의 사랑을 기억하는 일, 내가 좋은 부모가 되기 위해서 노력하는 일은 '제사'라는 현장에서 더 도드라지게 나타나는 일입니다. 그래서 제사는 부모님을 만나는 자리인 동시에 자식들에 대한 교육의 현장이기도 하였던 것입니다.

하지만 언제부터인가 제사는 허례허식으로 변해가는 듯합니다. 제사가 형식적인 날이 아니라 부모님을 생각하는 날로 바뀌기 바랍니다. 제사상의 음식이 중요한 것이 아니라 제사상 앞에서 가족들이 함께 나누는 이야기가 중요하지 않을까요? 제기(祭器)가 중요한 것이 아니라 부모님의 말씀을 담고 있는 우리 마음의 그릇이 더 중요하지 않을까요?

부모님의 말씀을 그리워하며 산다면 부모님은 돌아가신 것이 아니라 늘 살아서 우리 가슴 속에 남아 계시는 것입니다. 부모님이 보시기에 좋을 일을 하고, 부모님이 아파할 일은 하지 않으려 노력하는 것이 참 제사의 모습이 될 것입니다. 제사는 아련한 그리움입니다.

배우다와 깨닫다

더하는 것과 덜어내는 것

박성배 선생님을 뵙고 차를 마시면서 이런 저런 이야기를 나누는데 갑자기 선생님은 전에 성철 스님께 자주 듣던 이야기라면서 '위학익일 위각손일((爲學益日, 爲覺損日)'이라는 말씀을 꺼내셨습니다. 배우기 위해서는 매일 무언가를 더해야 하지만, 깨닫기 위해서는 매일 무언가를 덜어내야 한다는 의미였습니다.

학문을 한다는 사람이 얼마나 깨달음의 자리에서 어려울 수밖에 없는지 단적으로 보여주는 이야기였습니다. 무엇인가 분석해 내고 싶어 하고, 무엇이든지 논리적으로 설명할 수 있어야 한다고 생각하고, 돌아설 때마다 오늘 내가 배운 것을 정리하고 싶어 하는 사람들이 바로 학자라는 사람들입니다. 아니 어쩌면 오늘날의 학자라고 하는 것이 더 정확한 표현일 수도 있겠습니다.

그러나 깨달음을 어찌 분석할 수 있을까요? 어디부터가 깨달음이고, 어디까지가 깨닫지 못한 것인지를 분석해 낼 수 있을까요? 깨달음이란 이런 거라고 논리적으로 설명하는 것이 가능한 것인가요? 저마다의 경험이 다름에도 모두 같지 않으면 논리적이지 않다고 말할 수 있을까요? 오늘 깨달은 내용을 정리하고 내일 깨달을 내용을 예비하는 것이 실로 가능한 일인가요?

내가 보이고 있는 모습은 늘 그런 모습이었을 것입니다. 깨달음이라는 강박관념과 깨달음을 설명하려고 하는 지적(知的)인 오만, 그리고 깨달은 후에 이를 어떻게 사용할 것인가 하는 실용적인 사고가 내 속에 깊이 들어와 있음이 다 보였을 것입니다.

선생님께서는 다 덜어낸 후에 다시 얻은 지식, 다시 돌아본 지식은 그 전과는 전혀 다른 모습일 거라고 하셨습니다. 내가 갖고 있는 벽들을 허물고 본 세상은 경계가 없어진 둘 아닌 세상일 것입니다.

저는 "덜어내는 게 저에게는 제일 어려운 일인 것 같습니다."라고 대답하였습니다. 그게 맞는 답입니다. 깨달음을 위해서라면 덜어내는 것이 시작일 것입니다.

야(野/夜)하다

모든 것을 드러내는 것

　　처음 스토니부룩에서 박성배 선생님을 뵙던 날의 기억입니다. 몇 마디 인사를 나누고 사람들의 글에 대한 이야기를 나누게 되었습니다. 그 때 선생님께서는 누가 신문의 어떤 칼럼을 너무 야하게 쓰더라는 말씀을 하셨습니다. 칼럼이 야하다? 우리가 일반적으로 야하다고 하면 선정적이고, 성적(性的)인 묘사가 직접적인 것을 말합니다. 따라서 칼럼이 야하다면 그것은 칼럼의 내용 속에 성적인 내용이 담겨있다는 것처럼 들렸습니다. 하지만 화맥(話脈) 상의 이야기는 성적인 것과는 관계없었으므로 글투가 직설적이고, 지나치게 비약되어 있다는 의미로 받아들이게 되었습니다.

　　'야하다'는 것은 들판 위에 자신을 내보이는 것입니다. 허허벌판에 발가벗고 서있는 것과 같은 것입니다. 그리하여 성적인 묘사를 직접적으로 할 때 사용하는 표현이 되었을 것입니다. 옷을 야하게 입는다고도 하고, 화장을 야하게 하였다고도 합니다. 모두 지나치게 자신을 내보이려 하는 데서 생긴 표현입니다.

    글을 야하게 쓴다는 것은 자신의 주장에 지나치게 확신을 담아 쓰는 것입니다. 다른 의견을 돌아보지 않고, 자신을 드러내는 데 마음을 기울인 결과로 글이 야해지는 것입니다. 야한 글은 그냥 뱉어내는 것이고, 모두 까발려 놓는 것입니다. 다른 이들이 겪을 아픔이나 상처는 생각지 않는 것입니다.

    점점 사람들의 글이 야해집니다. 인터넷 세상이 되면서 직설적인 것이 솔직한 것으로 잘못 포장되기도 합니다. 마주 보고는 절대 할 수 없는 이야기들도 댓글 속에 마구 쏟아놓습니다. 남에게 말로 상처를 주었던 사람들이 갑자기 인기를 얻기도 합니다.

    '글이 야하다'는 말씀이 머리를 울려옵니다.

살림살이

우리를 살리는 것들

몇 분의 선생님들과 식사를 하는데, 이야기 도중 '살림살이'라는 말이 나왔습니다. 살림살이의 단어의 구조나 뜻에 대하여 모두 관심을 보였습니다. '살리다'와 '살림'이 관계가 있는지에 대한 이야기가 나왔습니다. 저도 별로 생각해 보지 않았던 타라 궁금함이 커졌습니다.

'모두를 살리는 살이'가 '살림살이'라는 생각이 들었습니다. 사람에게 힘이 되고, 가족에게 힘이 되는 것이 살림살이일 것입니다. 그런데 제 주변의 살림살이들을 바라보면서 많은 것들이 살림살이가 아니라 '죽은 살이'구나 하는 생각이 들었습니다. 살림살이를 들여다보면 단순히 '짐'이 되는 경우가 많습니다. '살리는' 것과는 아무런 관계도 없는 '죽어 있는' 물건으로 우리 곁에 머물게 되는 것이죠.

이사를 갈 때, 우리는 살림살이와 '죽은 살이'를 구별하게 됩니다. '죽은 살이'는 쓰레기가 되어 버리는 것입니다. 어떤 물건은 지난 번 이사 올 때부터 이번에 이사 갈 때까지 한 번도 사용하지 않는 경우도 있습니다. 괜히 이리저리 치이는 물건이 되었던 것이고, 집안을 복잡하게 만들어 놓은 원인이 되었던 것입니다. 내 삶의 진정한 살림살이는 아니었을 겁니다.

우리는 옷을 사고, 가재도구를 사고, 가구들을 삽니다. 예쁘다고 사고, 언젠가는 필요할지도 모른다고 삽니다. 싸다고 하나 더 사고, 모자랄까 봐 하나 더 삽니다. 하지만 그것은 다 나의 집착일 수 있습니다. 집안에 놓인 물건들을 봅니다. 저것이 나를 살리는 물건인지, 나를 매어 놓는 물건인지 봅니다. 살림살이가 살아있게 하는 것은 우리의 몫일 겁니다.

내게 덜 필요한 살림도 다른 이에게는 큰 살림이 될 수 있습니다. 죽은 살림에 혼을 불어넣고 생기를 돌게 하는 것입니다. 그래서 나누어 쓰고 다시 쓰는 것이 소중한 것입니다. 무조건 죽은 물건이라고 버리는 것도 살림살이에 대한 옳은 태도는 아닐 겁니다. 남 주자니 아깝다고 한쪽에 처박아 놓는 것은 내 집착을 쌓아 놓는 것과 마찬가지라는 생각이 듭니다.

　　집에 있는 물건을 잃어버렸을 때 다시 구입하지 않을 것들은 다 '죽은 살이'일 수 있을 겁니다. 집에 있는 물건들을 봅니다. 없어지면 다시 장만해야 할 것들인지 생각해 봅니다. 집안 가득 살림살이마다 담겨 있는 나의 집착을 봅니다.

눈여겨보다

눈으로 생각한다는 말

관세음보살(觀世音菩薩)이라고 하면 세상의 소리를 보는 보살이라는 뜻이 됩니다. 세상의 소리를 듣지 않고 본다는 말에서 자상함이 더 느껴집니다. 본다는 것은 듣는 것보다 수동적이지 않습니다. 중생의 고통을 해결해 주고픈 마음으로 세상의 소리를 본다고 표현했을 것입니다. 일반적으로 생각해 보면 눈은 보는 것이고, 귀는 듣는 것이고, 입은 말하고 먹는 것이고, 피부는 느끼는 것입니다. 이것이 우리가 알고 있는 감각기관의 기능일 겁니다. 하지만 우리말의 표현을 살펴보면 이러한 예상은 여지없이 빗나가게 됩니다.

우리말에는 한 가지 감각을 여러 감각으로 표현하는 이른바 공감각적 표현이 발달하였습니다. 시에서 사용되는 '푸른 종소리'와 같은 표현은 우리말 속 여기저기에 나타납니다. '거친 숨소리, 따뜻한 목소리, 구수한 노래'와 같은 표현이 어느 말에나 다 있는 것은 아닙니다. 가만히 보면 우리는 눈으로 생각하기도 하고, 입으로 보기도 합니다.

눈은 보는 기관입니다. 귀의 역할이 듣는 것인 것처럼 눈의 역할은 보는 것입니다. 그런데 잘 보지 않으면 아무 것도 보이지 않는 경우가 있습니다. 본다고 다 보는 것이 아니라는 말입니다. 우리말에서는 자세히 보라는 의미를 표현할 때 '눈여겨보다'라는 표현을 씁니다. '여기다'는 말은 '생각하다'라는 의미이므로 눈으로 생각하고 본다는 의미가 됩니다. 우리는 눈이 생각도 할 수 있는 것처럼 표현하고 있는 것입니다. 눈여겨본 것은 오랫동안 기억에 남게 됩니다. 그냥 보는 것과는 차원이 다릅니다.

입은 먹는 기관입니다. 그런데 우리는 맛은 '느낀다'고 표현하기도 하지만 '본다'라는 표현을 하는 경우가 더 많습니다. 마치 맛을 시각처럼 보는 것으로 표현하는 것입니다. '맛을 보라!'고 하는 것은 재미있는 일입니다. 물론 '보다'라는 단어가 '먹어 보다'처럼 '시도하다'의 의미가 있으니 '시음, 시식'의 해석도 가능할 것입니다. 그렇지만 여전히 먹는 행위를 '보다'라고 표현하는 것은 맛깔 나는 우리 민족의 모습이 아닐 수 없습니다.

생각해 보면 우리는 사람도 맛으로 표현하기도 합니다. '사람이 싱겁기는!'이라는 표현을 어떻게 설명해야 할까요? 구두쇠를 가리킬 때 '사람이 짜다'고 합니다. 기름기 많은 목소리와 행동을 보면서 '느끼한 사람'이라고도 합니다. 문득 이런 표현을 외국인은 어떻게 생각할까 궁금해집니다. 달콤하고, 시큼하고, 새콤하고, 짭짤하고, 쌉쌀하고, 새콤달콤한 우리 민족의 감각 표현이 입 안 가득 궁금함을 더해 놓습니다.

나다와 들다

원인을 알 수 있는 말

우리말을 잘 들여다보면 우리 민족의 사고를 알 수 있습니다. 요즘 며칠 동안 저는 계속 '나다'와 '들다'라는 단어에 마음이 쏠려 있었습니다. '나다'는 '나가다'의 의미와 '생기다'의 의미가 있습니다. '들다'는 '들어오다'의 의미입니다. 나다와 들다가 합쳐진 단어로는 '나들이'가 있습니다. 주로 외출이나 소풍을 의미할 때 쓰는 말입니다. 외출(外出)이라고 할 때 한자로는 '나가다'의 '출(出)'만 있는데, 나들이의 경우에는 나갔다가 들어온다고 표현하는 것이 흥미롭습니다.

우리는 늘 나갈 때 들어올 것을 염두에 둡니다. 이미 지적한 분들이 있지만, '다녀오겠습니다, 다녀오세요, 갔다 올게, 잘 갔다 와' 등의 표현에서 정겨움이 느껴지는 것은 항상 돌아옴에 대한 기대가 있기 때문입니다. 다른 언어에는 이와 같은 인사표현이 있는 경우가 드뭅니다.

'나다'와 '들다'는 반대말로 쓰이는 경우가 많은데, 그 말들을 잘 들여다보면 한국인의 사고를 알 수 있습니다. 나다와 들다가 쓰이는 예로는 우선 '생각이 나다'와 '생각이 들다'가 있습니다. 단어의 의미를 생각해 보면 '나는 것'은 내 속에서 나오는 것이고, '드는 것'은 밖에서 들어오는 것입니다.

곰곰이 생각했을 때나 잊어버리고 있었던 일들은 '생각이 나게' 되는 것입니다. '좋은 생각이 났다'라고 표현하는 것도 그러한 이유 때문일 것입니다. 다른 사람의 말이나 행동을 보고 나서 느낌이 생기는 것은 생각이 드는 것입니다. '왠지 그런 생각이 들어'라는 표현에서는 외부의 영향이 느껴집니다.

나다와 들다가 정확한 느낌으로 다가오는 것은 '병'에 관한 표현을 볼 때입니다. 병은 나기도 하고, 들기도 합니다. 병이 나는 것은 어떤 경우인가요? 병이 드는 것은 어떤 경우인가요? '향수병'이나 '상사병'은 병이 나는 것입니다. 누구를 너무 그리워하여 내 속에서 생기는 병이 상사병이 아닌가요? 한편 '전염병'이나 '감기'는 병이 드는 것입니다.

어떤 일을 고되게 했을 때, 자기 능력 이상으로 일을

했을 때 '병이 났다'고도 합니다. 병이 나는 것은 어찌 보면 자기의 책임이라고 할 수 있습니다. 자기 몸의 한계를 지키지 못해 생기는 병이기 때문입니다. '저러다 병 나겠네!'하고 걱정하는 말은 항상 지나치지 말아야 한다고 경계하는 것입니다. 병이 드는 것은 외부의 요인이지만, 병이 들어오지 못하도록 막는 일은 나에게 달린 것이기도 하다는 말입니다. 의사 선생님께서 항상 손발을 청결히 하고, 스트레스가 쌓이지 않도록 노력하라고 하는 것은 다 이유가 있습니다. 스트레스가 쌓이지 않게 하는 것은 정말 어려운 일이지만.

　　　생각해 보면 '들다'가 쓰이는 장면이 참 많은데, 우리의 사고를 알 수 있는 부분이 많아서 흥미롭습니다. 우리는 '물이 들다'라고 표현하고, '철이 들다'라고 표현합니다. '단풍이 들었다'고 하는데 이것은 나뭇잎이 스스로의 힘만으로 색이 바뀌는 것이 아니라 햇살과 바람과 비를 만나면서 서서히 바뀌게 되었음을 의미합니다. 철이 드는 것은 어떤 의미일까요? 모름지기 사람은 계절이 바뀌면 계절이 바뀌는 대로, 그 순리대로 살아야 하는데 그리 살지 않으면 철을 모르는 것입니다. 어찌 보면 병이 나고 드는 것도 철을 모르고 한 일 때문일 것입니다. 철 모르고 하는 행동들은 다 후회가 되는 법입니다. '철'은 순리대로 사는 법을 알게 되면서 자연스럽게 내 몸 안에 들어오는 것입니다. 그야말로 철이 드는 것입니다.

　　나다와 들다가 나오는 표현들을 만나면, 왜 그런 표현들을 쓰게 되었을지 곰곰이 생각해 보기 바랍니다. 그러면 우리말에 대한 사랑이 깊어질 것입니다. '잠이 들다, 마음에 들다, 힘이 들다, 정신이 들다' 등의 표현은 왜 그렇게 쓰게 되었을까요? '빛이 나다, 맛나다, 힘이 나다, 기운이 나다' 등은 왜 그렇게 쓰게 되었을까요? 궁금증을 한 아름 안겨 드리겠습니다.

사람이 되다

사람다운 사람이 되는 것

천재지변(天災地變)으로 재해가 속출하면서 하늘도 무심하다는 말이 절로 나옵니다. 하늘을 원망하는 소리도 높아집니다. 하지만 이러한 어려운 시간을 겪으면서 사람에 대한 기대가 높아지게 되는 것도 사실이 아닌가 싶습니다. 모든 것이 스러져버린 재해 현장에서도 나보다 약한 이를 위하여 양보를 하는 모습이나, 뒷사람을 위해서 식료품이나 물 등을 사재기 하지 않는 모습에서 경건함을 느낍니다. 그야말로 살신성인(殺身成仁)의 정신으로 한 명이라도 더 대피시키고자 노력하다 숨을 거둔 공무원이나 소방관의 모습에서는 슬픈 거룩함도 느끼게 됩니다. 사람다운 사람이란 그런 것이라는 생각도 하게 됩니다.

우리말의 표현들을 살펴보면 사람은 부족하기는 하

지만 기대감을 가져도 좋은 존재로 생각했던 것 같습니다. 사람으로서의 본성을 잘 지키면 그것만으로도 충분히 아름다운 것으로 보았습니다. 그래서 어른들께서 아이들에게 '사람답게 살아라'고 말씀하셨던 것입니다. '신처럼' 살기를 바란 것도 아니고, '짐승처럼' 살기를 허락하지도 않으셨습니다. 그저 사람으로서 본분을 잘 지키며 살면 되는 것입니다. 그래서 '사람이 됐다'라는 말은 큰 칭찬이었습니다. 본래 사람인데, 왜 사람이 되었다는 표현을 했을까 하는 의문도 들지만, 여기서는 사람다운 사람을 의미한 것으로 보입니다.

그런 의미에서 보면 '사람이 아니다'라는 말만큼 큰 욕도 없습니다. 사람으로서 해야 할 기본적인 도리를 하지 않는 것, 사람이 해서는 안 되는 일을 하는 것은 모두 사람으로 인정할 수 없다는 뜻이 됩니다. 인종이나 민족, 종교는 다르지만 사람이라면 누구나 갖고 있는 기본적인 가치가 있습니다. 약한 이를 배려하고, 가여운 이를 도우려하고, 나쁜 사람을 벌하고, 사람들에게 상처를 주지 않으려 하는 것은 공통적인 가치입니다. 그 가치를 지켜야 하는 것입니다.

사람으로서의 기본적인 가치를 행하지 않는 사람에게 '사람이 못됐다'고 표현하는 것은 많은 생각거리를 줍니다. 겉모습은 사람이지만 아직 사람이 되지는 않았다고 이야기하는 것입니다. '못된 놈'이라는 말에는 '사람 노릇'을 해야 한다는 꾸짖음이 담겨있습니다. 그래서 '저게 언제 사람 노릇을 하려나'하고 걱정하는 것이고, 자식이 '사람 구실' 제대로 하기를 소망하는 것입니다.

　　스스로를 돌아보면 사람으로서의 부족함이 느껴집니다. 아직 나는 덜 된 것입니다. 본래 사람으로 태어났음은 기뻐해야 하지만, 진정한 사람이 되기 위해서 끊임없이 노력해야 합니다. '사람이 그러면 안 된다'라는 말이나 '사람이 왜 그래?'라는 말에서는 노력하지 않는 사람에 대한 질책이 담겨있습니다.

　　한편 '그도 사람이니까'라는 표현에서는 안도감도 느끼게 됩니다. 사람을 완벽한 존재로만 본 것은 아니었던 것 같습니다. 실수도 할 수 있는 존재, 정확히 말하자면 나처럼 잘못할 수도 있는 존재로도 생각하였던 것입니다. 그렇기 때문에 서로에게 애정이 생기고 용서가 되는 것입니다. 서로의 부족함을 메워 줄 수도 있는 것이 사람입니다. 타인의 실수를 함부로 재단(裁斷)하지 말아야 하는 이유도 여기에 있습니다.

　　우리말에는 사람에 대한 표현이 참 많습니다. 저는 그 표현들 속에서 사람에 대한 기대를 발견하게 됩니다. 스스로의 본성을 자각하면서, 사람으로 살아야 할 바를 깨달으면서 살아가야 하는 것입니다. 재해를 당한 사람들, 아픔을 겪는 사람들에게 위로의 마음을 전합니다. 그리고 내가 할 수 있는 일을 찾아봐야 하겠습니다.

말빛

갚아야 하는 말

법정 스님이 돌아가셨습니다. 법정 스님의 여러 책을 읽은 사람으로서 잠시 생각에 잠기는 시간도 갖게 되었습니다. 돌아가시기 전에 부탁처럼 유언이 있으셨는데, 그 중에는 지켜지기 어려운 것이 하나 있겠구나 하는 생각이 들었습니다. 그것은 자신의 이름으로 출판한 모든 출판물을 더 이상 출간하지 말아주기를 간곡히 부탁하셨다는 것입니다. 오히려 사람들은 스님의 입적 이후에 더 많이 책을 읽으려 할 것입니다. 아쉬움과 그리움에.

법정 스님이 본인의 책을 더 이상 출간하지 않기를 바란다는 말씀에 앞서서 하신 '그동안 풀어놓은 말빛을 다음 생으로 가져가지 않겠다'는 말씀이 오랫동안 가슴에 남아 있습니다. 어쩌면 말빛을 가장 안 진 분이 법정 스님일 것입니다. 오히려 말로 은혜를 주신 분이실 겁니다. 참으로 맑고 향기로운 말씀들이 많았다고 생각합니다. 그럼에도 스님은 '말 빛'이 아니라 '말빛'이라는 단어를 쓰셨습니다.

말은 많은 오해를 낳습니다. 그것은 말의 기본적인 특성이 '구별'에 있기 때문입니다. 언어는 이분법적인 특성이 있기 때문에 종교에는 어울리지 않는 것입니다. 이것과 저것을 구별하고, 나와 남을 구별하는 것은 종교적인 것이 아닙니다. 종교적 사랑은 말로 하지 않아도 알 수 있는 것이고, 말로 할 필요가 없는 것이고, 말 이전의 것이라는 생각이 듭니다. 그래서 종교에서는 묵언 수행을 하기도 합니다. 수행을 통해 말을 인위적으로 단절시키기도 하는 것입니다. 무엇을 언어로 구별하려는 버릇들을 버려야 하는 것입니다. 나와 남의 구별도 없어져야 합니다. 그래야 차별도 없어집니다. 이웃을 다 내 몸과 같이 생각해야 하는 것입니다.

사실 '파란 하늘'이라고 언어로 표현하는 순간 하늘 빛의 느낌은 잃어버리게 됩니다. 하늘이 파란 색깔인가요? '붉은 노을'이라고 노래하는 순간 노을빛은 고정되게 됩니다. 해질 무렵의 하늘을 보세요. 그것이 붉은 색인가요? 말이나 글로 생각을 풀어놓고 나면 아쉬움이 남게 됩니다. 법정 스님은 이런 언어의 문제를 누구보다도 잘 아는 분이셨습니다.

언어의 공허함을 알면서도 언어로밖에 전달할 수 없음에 안타까움이 있으셨을 것입니다. 그래서 언어보다는 자연이 전하는 소리들을 더 고마워하셨을 것입니다.

　　법정 스님의 말씀들이나 글은 '말빚'과는 거리가 멀었습니다. 말빚을 정말 지고 있는 사람들은 누구일까요? 입에서 나오는 말마다 비난이 되고, 짜증이 되는 사람들이야말로 빚이 많은 사람들입니다. 말마다 남에게 고통을 주는 사람들이 빚을 지고 있는 사람들입니다. 어떻게 보면 우리는 남을 괴롭히기 위해서 말을 하고 있는 듯도 합니다. 물론 달콤한 아부도 다 빚이 될 것입니다. 그것도 다 그 사람에게는 독이 되니 말입니다.

　　빚은 지지 않는 것이 좋습니다. 또한 빚을 졌다면 갚아야 합니다. 법정 스님의 마지막 말씀을 통해서 모두 스스로 지고 있는 말빚에 대해서 생각하고, 갚아가기 바랍니다. 저도 오늘 이 글로 또 하나의 말빚을 지게 되었습니다.

시차적응 (時差適應)

자연에 순응하는 것

다른 나라에 여행을 할 때, 특히 한국과 미국을 오고 갈 때면 심한 시차를 느끼게 됩니다. 밤이 되어도 멀뚱멀뚱 눈만 깜박이고 있고, 낮에는 병든 병아리 모양으로 시름시름합니다. 눈이 퀭하기도 합니다. 가서 어떤 일을 해야 하고, 강의를 해야 하는 사람에게는 참으로 괴로운 일이 아닐 수 없습니다. 참고로 저는 시차적응에는 완전 실패자입니다. 늘 시차로 고통을 받습니다. 그래서 시차가 큰 해외에 가는 일이 즐겁지만은 않습니다.

그런데 시차적응이 쉬운 사람들이 있다는 말을 듣고 많은 생각을 하게 되었습니다. 난 시차적응이 이리 어려운데, 어떻게 쉽게 할 수 있을까 하는 궁금함도 생겼습니다. 여기에서 소개하는 이야기는 과학적으로 증명된 이야기는 아니니 과학에 관심이 있는 사람들은 실제로 증명을 해주면 좋겠습니다.

    우선 시차적응이 쉬운 사람은 어린아이들입니다. 더 어릴수록 시차적응이 쉬운 듯합니다. 어떤 경우에는 하루만에, 길어도 이틀 정도가 지나면 마치 그곳에 살았던 것처럼 생활을 하기 시작합니다. 어릴수록 자연의 상태에 가까워서가 아닐까 합니다. 시간이 바뀐 곳에 가면 그 자연에 순응하려고 하기 때문에 시차를 적응할 수 있을 것이라는 생각이 들었습니다.

    다음으로 시차적응이 쉬운 사람들은 노인들입니다. 일전에 연세가 있으신 선생님께서 한국에 특강을 오셨을 때 쉽게 시차적응을 하시는 것을 보고 놀란 적이 있습니다. 젊은 사람들도 시차적응이 어려운데, 어떻게 금방 시차적응을 하셨냐고 여쭈었더니, 나이가 들어서 시차적응을 못하면 몸이 '벌'을 받기 때문이라는 답을 하셨습니다. 그 말이 정답이라는 생각이 들었습니다. 그러고 보니 제 부모님도 비교적 시차적응이 빠르셨던 것으로 기억합니다. 노인들은 오랫동안 한 곳의 생활에 익숙해서 다른 곳에서 적응하기가 어렵겠구나 하고 생각했었지만, 노인의 몸은 자연스레 자연의 상태로 돌아가고 있었던 것입니다.

그러한 의미에서 아픈 사람들도 시차적응을 비교적 잘하는 것 같습니다. 몸이 아프면 당연히 몸을 보호하려 할 것이고, 그러므로 쉽게 새로운 상황에 적응을 해 가는 것입니다. 아픈 사람이 시차적응을 못한다면 심각한 일이 벌어질 수도 있습니다. 몸이 병들었을 때, 자연적으로 치유 활동이 이루어지듯이 환자들은 시차에 적응하고 있는 것입니다.

시차적응은 습관의 산물이고, 의지의 결과입니다. 젊은 사람들이나 의지가 강한 사람, 빨리 적응해서 무엇인가 일을 해야겠다고 마음을 먹는 사람들에게 오히려 시차는 크게 다가옵니다. 자연의 흐름을 거스르면서 몸과 마음에 충격을 주고 있다는 생각이 듭니다. 시차를 극복하려고 마음을 먹을수록 내 몸 속의 시계는 내가 붙잡고 있는 세계 속에 머무르게 됩니다.

우리가 적응하지 못하는 것은 시차만이 아닐 것이라는 생각도 듭니다. 자연은 우리에게 자신의 아집을 버리고, 순응하라고 이야기하고 있는지도 모릅니다. 해가 뜨면 일어나고, 밤이 깊으면 잠을 자는 것처럼, 자연스럽게 사는 것은 쉬운 일일 것입니다. 시차를 극복하려고 애쓰는 순간 우리는 오히려 자신의 굴레 속에서 헤어나지 못하게 됩니다.

눈에 밟히다

두고 온 아린 기억

눈으로 하는 행위는 뜨는 것과 감는 것, 그리고 보는 것입니다. 눈을 뜨는 것은 잠에서 깨어난다는 의미이고, 새로운 세상을 만난다는 의미가 됩니다. 이제 눈이 뜨이기 시작했다는 말은 참 모습을 발견하게 되었다는 의미도 됩니다.

눈을 감는다는 말은 눈을 뜨고 있다는 사실을 전제하여 이루어지는 행위입니다. 눈을 감았다는 말은 더 이상 보지 않는다는 의미가 되기 때문에 무시했다는 의미도 될 수 있고 용서했다는 의미도 되는 것입니다. 모든 것을 자세히 보고 있는 상황에서 용서는 어려울 것입니다.

눈이 스르르 감기는 것은 밀려오는 졸음 때문이겠지요. 허나 잠시 눈을 감고 있는 것은 내 눈앞의 광경과 나를 단절시켜 생각을 깊어지게 하는 것이고, 혹은 내 생각을 비워내는 것이 됩니다. 이 세상을 더 이상 못 보게 될 때, 깊은 잠에 들게 될 때 '눈을 감는다, 눈을 감았다'는 말을 하게 됩니다. '죽음'이라는 말을 입에 담기 싫어하는 사람들에게 '눈을 감는 것'은 어찌 보면 '깊게 잠드는 것' 같아 좀 편안한 느낌일 겁니다.

　　눈은 걸어 다닐 수 없습니다. 보는 기관이지 돌아다니는 기관이 아닙니다. 그럼에도 우리는 '눈길'이라고 합니다. 눈이 다니는 '길'이 되는 겁니다. 눈은 그 길로 다니면서, 마음에 드는 것이 있으면 머물기도 합니다. 눈길이 머문다는 말도 거기에서 나온 말이지요.

　　그런데 어떤 곳을 떠나 왔는데도 계속해서 생각은 그곳에서 떠나지 못할 때, 우리는 '눈에 밟힌다'는 표현을 합니다. 눈이 발이 아님에도 밟힌다고 표현하는 것은 모습을 시각이 아니라 촉각으로 느끼는 것 같아서 마음이 아픕니다. 두고 온 자식이 눈에 밟히기도 하고, 부모님을 찾아뵙고 떠나올 때, 떨어지지 않는 발걸음을 떼어 놓았을 때, 눈에 밟힌다고 합니다. 시각을 촉각으로 바꾼 표현에 마음이 저려옵니다. 아리게 만듭니다.

　　한 해가 저물어 갑니다. 아쉬운 일도 많고, 안타까운 일도 많을 것입니다. 어떤 일은 눈에 선하고, 어떤 장면은 자꾸 눈에 밟힐 것입니다. 새해에는 기쁜 그리움이 많아지기 바랍니다.

인간 무상(無常)

인간은 변한다는 의미

가을이면 떨어지는 낙엽을 바라보면서 우리는 인생 무상(人生無常)을 이야기합니다. 빠르게 흐르는 시간에 대한 안타까움이 묻어있습니다. '무상'이라는 말은 변하지 않는 것은 없다는 의미입니다. 반대말은 '항상(恒常)'이 될 겁니다. 늘 한결같은 것이 '항상'의 의미이기 때문입니다. 보통 우리는 무상이라는 말을 인생과 함께 쓰게 됩니다. 그러고는 '참 인생 덧없다!'라는 말을 덧붙이고는 합니다. 어린 시절이나 젊은 시절의 아름다움을 생각해 보면 지금의 모습이 덧없을 것이고, 잘 나가던 때를 돌이켜 보면 지금의 모습이 허망할 겁니다.

그러나 무상은 그렇게 부정적인 것만은 아닙니다. 인간이 변하지 않는다면 좋을까요? 어린 시절의 모습으로 정말 돌아가고 싶은가요? 모든 것이 불완전하고, 미숙하고, 두렵던 시절로 돌아가고 싶은가요? 저에게 묻는다면 답은 '아니다'입니다. 많은 사람이 예전으로 돌아가고 싶지 않다는 답을 하는데, 그렇다면 '무상'이 오히려 고마운 것이 아닌가 합니다. 이 세상에 즐거운 일만 가득하다면 모를까 고통스러운 일도 많은데, 늘 그렇게 살기를 바라지는 않을 겁니다. 아픈 사람은 나아야 하고, 헤어진 사람은 만나야 합니다. 차라리 변했으면 하는 일들도 많은 겁니다.

무상이라는 어휘를 보면서, 사람에 대한 판단을 고민하게 됩니다. 우리는 쉽게 사람을 예전의 모습으로 판단합니다. 하지만 분명 그 사람은 변했을 겁니다. 어떤 쪽으로든 변해 있을 것입니다. 우리는 과거에 그가 한 잘못된 행동에 비추어 그를 낮게 평가하고, 자신의 판단을 믿는 경우가 많습니다. 사실 인간이 무상하다는 말은 인간은 늘 변화한다는 뜻이기도 합니다. 따라서 과거의 모습으로 현재나 미래를 판단할 수 없다는 의미가 되기도 합니다. 내 머릿속에 남아 있는 과거의 잔상으로 우리는 그저 가볍게 남을 평가하고 있는 것입니다.

반면에 남들에게는 나는 과거의 내가 아니라고 이야기합니다. 과거의 내 모습으로 나를 판단하지 않기를 바랍니다. 그리고 현재의 내 모습으로 미래의 나를 함부로 재단하지 않기를 요구합니다. 참 이중적인 태도가 아닐 수 없습니다. 남을 판단하기 전에 그가 바뀌었을 가능성에 대해서 깊게 생각해 보아야 할 것입니다.

어릴 때 내 모습을 보면, 현재의 내 모습에 대한 판단이 가능할까요? 사춘기 시절 질풍노도의 모습을 떠올려 보면 지금의 내가 그려질까요? 자신의 부족한 과거는 지금을 이룬 발판이라고 치장하면서, 왜 아이들을 보면서는 될성부른 나무는 떡잎부터 알아본다고 말을 할까요? 아이들에 대한 판단은 참으로 위험합니다. 아이들이야말로 '무상'한 존재가 아닌가요? 모든 가능성을 가진 존재를 쉽게 평가하지 말아야 합니다.

사람들을 볼 때 과거에서 어떻게 달라졌는지를 보려 하고, 앞으로 어떻게 변화해 갈 것인가 기대한다면 좋을 것 같습니다. 아이들이 좋게 변화해 갈 수 있도록 믿어주고, 돌봐주는 것도 필요합니다. 그리고 나 자신도 아름다운 변화가 이루어지도록 스스로를 바꾸어 나가야 할 겁니다.

며늘아기

늘 보호해 주어야 하는 새 식구

봄기운이 깊어가면서 여기저기에서 청첩장이 오기 시작합니다. 바야흐로 결혼의 계절이 된 것 같습니다. 결혼을 앞둔 신부들에게 물어보니 아무래도 결혼 생활에 대해 걱정이 많았습니다.

신랑과 지낼 일에 대해서는 기대가 많았는데, 시집 식구들과 지낼 일은 아무래도 걱정이 많아 보였습니다. 걱정이 되겠죠. 새로운 환경 속으로 들어가는 것이니 어찌 걱정이 되지 않을까요?

아들을 장가보내는 부모들도 걱정이 많습니다. 이런 저런 결혼 준비도 머리가 아프지만 아무래도 새 식구를 맞는 일은 쉬운 일이 아닐 겁니다. 며느리를 잘 대해 주어야지 말씀들은 하지만 쉬운 일이 아닙니다. 하지만 결혼 생활에서 가장 문제가 많다고 하는 고부 갈등도 알고 보면 시어머니와 며느리에 대한 생각이 잘못되어 일어나는 일이라는 생각이 듭니다.

　우리나라에서는 시어머니나 시아버지가 며느리를 부를 때, '아가' 또는 '애기'라고 합니다. 또 '새아가'라고도 하죠. 다른 사람에게 며느리 이야기를 할 때도 '우리 며늘아기'라고 합니다. 시집까지 온 다 큰 어른에게 '아기'라고 한다는 것이 흥미로웠습니다. 심지어는 아기까지 낳은 며느리를 '아가'라고 하는 것은 이상하면서도 재미있는 일입니다.

　사랑하는 사이에 남자가 여자를 '애기'라고 부르는 경우도 있습니다. 영어에서도 사랑하는 사람을 'baby'라고 표현하기도 합니다. 아직 무엇인가 익숙하지 않고, 보호해야만 할 것 같은 느낌이 들어서일 것입니다. 아기는 미숙하기에 다 이해해 주어야 하는 사람입니다. 아기의 잘못을 이해하지 못하고 나무라기 시작한다면 문제가 많아질 것입니다.

　우리말에서 며느리를 아가라고 부르는 것은 참 좋은 느낌입니다. 우리 집에 새로 들어와 무엇에도 익숙하지 않은 이에게 따뜻한 마음을 보여 주어 안심시키는 것이기 때문입니다. 그러기에 며느리에 대해서 말할 때, 우리 집에 익숙한 이들이 갖고 있는 잣대로 쉽게 평가해서는 안 될 것입니다. 입으로는 '애기'라고 부르면서 모든 것은 어른의 기준으로 평가하는 경우가 있습니다. 며느리는 처음이기 때문에 많은 실수가 있을 것입니다. 음식도 그러하고, 어른을 대하는 태도도 그러하고, 배워야 할 것이 많을 것입니다. 시집 식구들이 따뜻하게 가르쳐 주면, 며느리도 아기가 자라나듯이 조금씩 익숙해져 갈 것입니다.

서로 다른 문화에서 자라온 사람이기에 예기치 못한 실수도 있을 겁니다. 사랑하는 내 아들과 결혼해서 새로운 삶을 두려워하는 어린 아기 같은 '새아기', 우리 집에서 다시 태어나고 있는 '며늘아기'에게 한없이 따뜻한 눈길을 보내야 할 것입니다.

물론 며느리도 나를 '애기'로 보아주시는 분들을 나를 낳아주신 부모님처럼 따라야 할 것입니다. 나의 미숙함을 많이 참고 이해하고 계시는 분들이기 때문입니다. 다른 시부모님과 내 시부모님을 비교하는 것은 내 부모를 다른 사람들과 비교하며 서운해 하는 것과 마찬가지일 겁니다. 어찌 부모를 다른 이들과 비교할 수 있나요?

결혼은 행복의 시작입니다. 허나 결혼은 그저 주어지는 행복이 아닙니다. 새로운 노력이 필요합니다. 노력만

하면 기쁜 일이 많을 겁니다. 며느리를 '아가'로 부르는 우리 선조들의 지혜를 생각해 보았으면 합니다.

버시

아내의 좋은 벗

이 글의 제목을 보고서 이게 무슨 말인가 하고 의아해 했을 겁니다. '버시'라는 말은 사전에 없는 말입니다. 아니, 어쩌면 사라져 버린 말이라고 하는 것이 정확할 겁니다. '버시'는 '남편'을 의미하는 말입니다. '가시버시'가 부부를 가리키는 순 우리말인데, 그 중에 '가시'가 부인을 나타내기 때문입니다. '가시집'은 '처갓집'을, '가시아버지'는 '장인', '가시어머니'는 '장모'를 의미하는 말로 '시집, 시아버지, 시어머니'와 대비되는 표현들이라고 할 수 있습니다. '버시'는 따로 쓰이지는 않으나 관계로 미루어 볼 때, '남편'을 의미한다고 볼 수 있습니다. 어원적으로는 '벗'이라는 단어와 관계가 있을 것으로 생각됩니다.

언어는 변화합니다. 언어는 사회의 모습을 담고 있습

니다. 따라서 한자말을 쓰게 된 것이나, 서양어를 쓰게 된 것은 어쩔 수 없는 일이라고 생각합니다. 따라서 그것들을 모두 다 없애 버리고, 사용하지 않아야 하는 어휘들이라고 보지 않습니다. 외래어에도 중요한 기능들이 있기 때문입니다. 하지만 사람들이 한자말을 사용하여야 유식해 보인다고 생각하는 것은 문제라고 생각합니다. 외래어, 외국어를 많이 사용하는 것도 비슷한 태도에서 비롯되었습니다. 어려운 말은 겸손과 거리가 멉니다.

　　우리말에는 우리의 삶이 들어 있고, 느낌이 담겨있습니다. 그래서 정겹죠. 저는 좋은 우리말 어휘들이 있으면 살려 쓰는 것이 좋겠다고 생각합니다. 어떤 분이 '멘토(mentor)'를 우리말로 무엇이라고 하면 좋겠냐고 물어 온 적이 있습니다. 저는 몇 달을 고민한 끝에 '길스승'이라는 단어를 생각해서 보내드렸습니다. '내 길을 알려주고 이끌어주는 사람'이라는 뜻으로 만들어 본 것입니다.

　　물은 이께서는 '길스승'이라는 단어가 참 좋다고 하시면서 다른 사람들과도 함께 쓰겠다는 말씀을 하셨습니다. 기분이 좋았습니다. 그리고 좋은 말들을 살려 쓰는 것도 좋은 일이겠구나 하는 생각도 하게 되었습니다. 좋은 단어들에 생명을 불어 넣는 것은 학자들이 하는 일이 아닙니다. 여러 국어학자나 한글 운동가들이 많은 단어를 만들어 내고 찾아냈지만 생명력이 길지 않은 것은 그러한 이유에서입니다. 언어의 생명력은 일반 대중이 만들어 내는 것입니다.

길스승이나 버시라는 단어를 많은 사람들이 사용하기 바랍니다. 그래서 살아있게 되기 바랍니다. 가시버시나 가시집, 가시어머니, 가시아버지도 모두 다시 살아났으면 하는 바람입니다. '버시'는 '벗'과 관련이 있다는 점에서 평생 가까운 친구로 지낼 수 있는 사람에게 적당한 단어인 것 같습니다. 저도 아내에게 좋은 벗이고 싶습니다. 좋은 '버시'가 되고 싶습니다.

어머니

한 명이면서 여러 명인 분

우리나라만큼 어머니가 많은 나라가 있을까요? 우리는 자기의 어머니 말고도 어머니가 참 많습니다. 친척 중에도 큰어머니, 작은어머니, 할머니(한어머니가 변한 말)가 있습니다. 모든 언어에 이렇게 어머니가 많은 것은 아닙니다. 영어를 생각해 보면 금방 알 수 있을 것입니다. 영어에서 어머니라고 부를 수 있는 사람은 많지 않습니다. 일본어에서도 어머니라고 표현할 수 있는 사람은 적습니다. 다른 언어도 다 살펴보지는 않았지만 외국 학생들에게 물어보면 어머니를 제외하고 '어머니'라고 표현하는 경우는 많지 않은 듯합니다.

그런데 우리 어머니는 거기에서 그치지 않습니다. 친구의 어머니도 어머니라고 하는 경우가 많습니다. 드라마에서 친구 어머니를 '어머니'라고 부르는 장면이 나오면 외국

학생들은 무척 당황해 합니다. 같은 어머니의 자식이었는지 해석에 혼동을 느끼게 되는 것입니다. 선생님이 학부모와 상담을 하는 장면도 언어적으로는 복잡한 장면입니다. 학생의 어머니를 '어머니'라고 부르는 것입니다. 외국인들의 혼동이 짐작이 될 것입니다. 어디 그뿐인가요? 자주 가는 식당의 주인에게도 어머니라고 부르는 사람들이 많습니다. 이쯤 되면 '어머니'의 범위는 점점 미궁으로 빠지게 됩니다.

왜 이렇게 우리에게는 어머니가 많을까요? 아마 그 해답은 반대로 '우리 어머니'라는 표현에서 찾아볼 수 있을 겁니다. 외아들이어도 '우리 엄마'라고 부르는 것에서 이미 '어머니'는 나만의 어머니가 아니라는 생각이 은연중에 표현되고 있는 것입니다. 이렇게 표현하는 것은 단순히 어머니에 대한 인식이 희박해서일까요? 아닐 겁니다. 오히려 어머니에 대한 생각이 넓어지고 깊어지고 있는 것입니다. 친구 어머니를 어머니라고 부르면, 친구의 어머니는 나를 자식처럼 여기게 됩니다. 물론 나도 어머님처럼 생각해야 하겠죠. 식당의 아주머니를 어머니라고 부르면 마치 자기 자식에게 해 주듯이 음식을 차려주게 될 겁니다. 정이 살아나는 것입니다. 가족처럼 생각하는 사람이 점점 늘어나면 세상은 따뜻해질 수밖에 없습니다.

종교나 철학에서 공통되는 원리는 나와 남을 구별하지 않는 것입니다. 남의 고통을 나의 고통으로 생각하고, 남의 기쁨이 나의 기쁨으로 다가오는 것입니다. 모든 중생이 부처라는 생각도, 모든 사람이 하나님의 아들이라는 생각도, 사람과 하늘이 하나라는 생각도 모두 나와 남을 구별하지 않는 태도에서 출발합니다. 이러한 태도를 가장 잘 표현하는 어휘가 바로 '우리'입니다. '우리 엄마'고, '우리 집'이고, '우리 마을'이고, '우리나라'가 됩니다. '우리'라는 말은 공동체 의식을 강조하는 말이 아니라 소유에 대한 집착이 없음을 나타내는 말입니다. 즉, 내 것과 네 것을 구별하지 않음을 의미하는 것입니다.

구별이 중요하지 않으면 모두 '우리 아들, 딸'이 되고, 모두 '우리 어머니, 아버지'가 되는 것입니다. 세상의 모든 아이들을 '자식'처럼 생각한다면, 지금처럼 메말라가지는 않을 것입니다. 세상의 모든 어르신들을 '부모님'처럼 생각한다면 노인 소외는 없어지겠죠. 물론 나를 낳아주신 어머니는 한 분이십니다. 그것은 결코 변하지 않는 사실이죠. 하지만 우리 어머니도 내가 모든 어른들을 어머니처럼 생각하겠다는 데 서운해 하시지는 않을 것입니다. 오히려 칭찬하시고 그리 살라고 어깨를 토닥이실 겁니다. 그게 우리나라에 어머니가 많은 이유입니다. 우리 민족이 넓은 의미에서 가족처럼 지낼 수 있는 것도 다 이런 호칭 때문이라고 생각합니다.

자라다

잘하기 위한 것

아이를 키우다 보면 그야말로 하루가 다르게 큰다는 생각이 듭니다. 어른들은 '아기는 씻기는 만큼 큰다'고 말씀하십니다. 그래서 우리는 하루도 거르지 않고 아이를 정성들여 씻기기도 합니다. 그렇게 씻기면 정말로 다음날에는 좀 더 큰 것 같은 느낌도 듭니다. 아이는 더 맑은 모습으로 웃죠. 어른들의 정성이 아이를 자라게 합니다.

아이가 아프면, 또 어른들은 아이가 크려고 아픈 것이라고 말씀하십니다. 열이 펄펄 나니 걱정도 되지만 그래도 아이가 자랄 것이라는 희망을 갖게 됩니다. 아이가 아프고 난 후에는 실제로 어른스러워진 모습이 되곤 합니다. 젖살도 빠지고, 어린 모습들을 조금씩 벗어버리는 것입니다.

그야말로 아이는 아픔을 통해서 자라나는 것입니다.

아이들이 다리가 아프다고 하면서 밤에 잠을 못 이루기도 하는데, 그것은 '성장통'인 경우가 많습니다. 정확히는 모르나 관절이 자라면서 아픔이 있는 것 같습니다. 자라는 것에는 아픔이 따르는 것입니다.

새해가 되면 떡국을 먹습니다. 우리는 떡국을 먹으면 나이를 먹는다고 합니다. 사실 떡국을 먹는다고 나이를 먹는 것은 아니겠지만, 음식이 나를 자라나게 하는 것은 맞는 것 같습니다. 음식이 소중한 것은 나를 자라나게 한다는 데 있습니다. 음식을 쓸데없이 낭비하거나 배가 부른데도 꾸역꾸역 먹는 것은 자라는 일과는 상관이 없는 행위들입니다. 내 몸과 마음을 자라게 하기 위해서 먹어야 하겠죠.

그런데 우리는 언제부터인가 자라는 일을 멈추고 있습니다. 난 어른이니까 다 자란 것이라고 말을 하기도 합니다. 어른이니까 육체적으로는 더 자랄 필요가 없을지도 모르겠습니다. 이제 아무리 밥을 먹어도 키는 더 자라지 않고 배만 나온다고 합니다. 하늘 높은 줄 모르고, 땅 넓은 줄만 안다는 농담도 그래서 나온 것이겠죠.

허나 하루를 살면 하루만큼 자라나야 하는 게 인간이라는 생각이 듭니다. 우리는 세상을 살면서 많은 때가 묻게 됩니다. 그래서 우리는 몸을 씻으면서 더 자라있을 자신의 모습을 그려야 합니다.

내 더러움을 조금씩 덜어가며 하루를 보내고 싶습니다. 조금 더 맑아진 모습으로 사람들을 만나고 싶습니다. 주변 사람들이 나로 인하여 기뻐하고, 나로 인하여 행복할 수 있도록 더 맑아져야 할 겁니다.

살다 보면 아픔이 참 많습니다. 어릴 때는 육체적으로만 아픈데, 크면서는 온 몸과 온 마음이 아프기도 합니다. 내 몸과 마음을 자라게 하기 위해서 아픔이 많아지는 것입니다. 그래서 아픔은 두렵지만 고맙기도 한 것입니다. 굳이 아프기를 바라지는 않습니다. 하지만 아픔이 두렵지만도 않습니다.

저는 '자라다'라는 단어가 '잘'과 관련이 있다고 생각합니다. 어떤 일을 '잘' 하기 위해서 자라나야 하는 것이고, 그래서 잘 자라는 것이 중요합니다. 자라기 위해서는 '잘' 생각하고 행동도 해야 합니다. 내 어설픔이 다른 사람에게 고통이 되어서는 안 되기 때문입니다. 제대로 자라지 못함을 의미하는 단어가 바로 '모자라다'입니다. '모자라다'라는 말은 부족하다는 말도 되지만 어리석다는 뜻도 됩니다. 올바로 못 자랐다는 의미이죠.

저는 하루를 살면 하루만큼 자라나기를 소망합니다.

목숨이 다하는 날까지 자라나려고 노력하려 합니다. 저녁마다 스스로에게 묻습니다. '난 오늘 얼마만큼 자랐는가.'

사람이 변하면 죽는다

죽는 날까지 변해야 하는 것

      나이 든 분께 가끔 듣는 이야기 중에 '사람이 변하면 죽는다'라는 말이 있습니다. 나이가 들어서 갑자기 착하게 살려고 하거나, 그동안 하지 않았던 일들을 하려고 할 때 농담처럼 던지는 이야기입니다. 아마도 사람이 이 세상을 떠날 때가 되면, 착해지려 노력하는 것을 놀리듯이 이야기하는 것이 아닌가 합니다. 이와 비슷한 말로 '철들자 망령이다'라는 속담도 있습니다. 이 말도 다 늙어서야 철이 들었다는 것을 비꼬면서 하는 말입니다. 망령 들 나이가 되어서야 철이 든 것이니 늦어도 한참 늦은 것이겠죠.

      생각해 보면 죽음 앞에서 착해지는 것은 어찌 보면 당연한 일인 듯합니다. 우리가 알지 못하는 죽음 이후의 세계를 생각해 본다면 사후(死後)에 대한 두려움이 착해지려는 원인이 될 수 있을 것입니다. 이왕이면 마지막 순간이라도 착하게 살아서 혹시 모르는 사후 세계를 대비하는 것이기도 할 것입니다. 또한 그동안 못해 주었던 사람들에 대한 미안함도 원인이 될 겁니다. 가능하면 나에 대한 좋은 기억을 남겨두고 떠나고 싶은 마음이 있겠죠. 특히 가족들에게는 그러한 마음이 클 겁니다. 나를 기억할 때, 아련한 그리움이 있었으면 하는 생각이 드는 것입니다.

저는 '사람이 변하면 죽는다'는 말을 '사람은 죽는 날까지 변해야 한다'로 바꾸고 싶습니다. 늘 똑같이 살면서 자신이 행한 해악(害惡)들을 그대로 되풀이 하며 산다면, 참으로 답답한 일입니다. 여기서 변한다는 말은 좋아진다는 말입니다. 아름답게 변한다는 뜻이어야 하는 것입니다. 나이가 들수록 집착이 많아진다면 잘못 변한 겁니다. 나이가 들수록 놓아버리는 것이 많아져야 합니다. 나이가 들수록 깨달음에서 멀어지는 것은 잘못 변하는 겁니다. 오래 살아야 하는 이유가 자신이 그동안 지은 죄를 씻고, 깨달음을 얻기 위해서라는 말이 마음에 와 닿습니다. 죽음이라는 거대한 벽 앞에서 우리는 하루하루 아름답게 변해가며 살아야 하는 것입니다.

사람은 누구나 죽습니다. 태어나는 순간부터 우리는

죽음을 향해 달려갑니다. 나이가 들수록 달려가는 속도는 더 빨라집니다. 나이가 들면 들수록 1년이 참 빠르게 지나갔다는 말들을 합니다. 그것은 내 몸의 움직임이 느려질수록 내 주변의 시간이 빠르게 느껴지기 때문이라고 하는데, 일리가 있는 말입니다. 또한 열 살짜리에게 1년은 인생의 '10분의 1'이지만, 50살에게 1년은 인생의 '50분의 1'이어서 느낌이 다를 수밖에 없다는 말도 재미있습니다. 살아온 세월에 비추어 볼 때 시간이 점점 짧게 느껴지는 것은 당연한 일일 겁니다. 우리들 모두 점점 1년이 빠르게 느껴질 것입니다.

나이를 먹으면서 저는 한 가지 결심을 합니다. 내가 할 수 있는 일을 하나라도 늘리자는 생각. 생각해 보면 우리는 아주 쉬운 일도 주변 사람에게 의존하고 있습니다. 어떤 일들은 하도 안 하다 보니 어떻게 하는지조차 잊은 것들도 있습니다. 사람마다 다르지만 우리가 못하는 것들은 참 많습니다.

어떤 사람은 버스도 지하철도 잘 이용하지 못 합니다. 집에서 하는 일들은 더 심각합니다. 못을 못 박고, 세탁기를 못 돌리고, 화장실 청소를 못하고, 간단한 요리도 하지 못합니다. 아이들의 컴퓨터 게임을 걱정하지만, 컴퓨터 게임에 들어가지도 못하고, 닌텐도 게임이나 아이팟의 전원도 제대로 끄지 못합니다. 인터넷으로 공연 예약도 못하고, 기차나 비행기 예약도 못합니다.

　나이가 들면서 스스로 할 수 있는 일들을 늘리는 것은 중요한 것 같습니다. 특히 가족과 함께 지낼 때 내가 할 수 있는 일들이 많아질 필요가 있습니다. 새로운 분야의 책들을 읽는 것도 그렇고, 새로운 분야의 공부를 시작해 보는 것도 그렇습니다. 새로 아는 것을 복잡하고, 귀찮게 생각할 것이 아니라 나를 깨어있게 하는 것이라 생각할 필요가 있습니다. 사람은 변해야 정말로 살아있는 겁니다. 늦게라도 철이 드는 게 훨씬 더 좋지 않을까요?

마당발

열심히 뛰어다녀 얻는 것

어떤 사람들은 만나보면 이 사람이 나와 오래전부터 인연이 있었구나 하는 생각이 드는 경우가 있습니다. 또 이 사람을 만나지 않았더라면 어땠을까 하는 걱정이 생기는 경우도 있습니다. 아무리 인터넷으로 모든 것을 해결할 수 있는 정보화 시대라고 하더라도 사람을 만나서 해결해야 하는 일이 많으며, 그런 일들이 되려 사람 사는 맛을 느끼게 합니다. 사람들을 많이 아는 것은 귀한 일입니다. 나와의 인연을 확인하는 일이기 때문이죠. 만나는 사람마다 그와의 인연을 소중히 해야 할 것입니다.

우리말에서는 아는 사람들이 많은 이를 '마당발'이라고 합니다. '발이 넓다'라는 말도 하죠. 사람을 아는 것을 '발'과 연관시킨 것이 재미있습니다. 사람들을 만나서 악수하는 '손'이나, 기억해 두어야 하는 '얼굴'이 넓다고 하지 않는 것이 궁금합니다. 일본어에서는 사람들을 많이 아는 것을 '얼굴이 넓다'고 합니다. 우리하고는 다른 시각의 접근 방법입니다. 발이 넓은 것은 '오지랖이 넓은 것'과는 다릅니다. 오지랖은 '웃옷'의 앞자락을 의미하는데, 오지랖이 넓은 것은 부정적인 의미가 강합니다. 여기 저기 안 끼는 데 없이 참견하는 사람에게 쓰는 말이기 때문입니다.

마당발이 되려면 어떡해야 할까요? 발이 넓어지려면 어떡해야 할까요? 우리식으로 표현한다면 정답은 '발품'입니다. 열심히 뛰어 다니며, 일을 해야 하는 것입니다. 어쩌다 내 옷자락에 걸리는 일들에 관심을 갖는 것과는 다릅니다. 우리가 받는 품삯 중에 가장 정직한 것은 발품입니다. 같은 물건이지만, 더 싸게 사려면 발품을 팔아야 합니다. 발로 일을 해야 한다는 것입니다. 더 많은 곳을 돌아다닌 사람이 자기의 마음에 드는 집을 구할 수 있는 것입니다. 직접 눈으로 느끼고, 주변을 걸어보고, 사람을 만나봐야 하는 것이죠.

만족이라는 단어의 한자에는 '족(足)'이 쓰입니다. '족하다'는 말도 발과 관련이 있습니다. 우리는 발이 편해야 몸이 편하다는 말도 합니다. 발은 다른 부분보다 나를 편하게 하는 척도의 역할을 하는 것 같습니다. 따라서 발이 편한 것이 '만족한다'의 의미를 갖게 된 것이 아닐까 하는 생각이 듭니다. 내가 걱정거리가 없이 만족하고 있는지의 신호도 발에서 찾을 수 있습니다. 그래서 우리나라 사람들은 걱정이 사라졌을 때 '이제 두 발 뻗고 자겠다'라고 하는 겁니다.

걱정이 있으면 발은 긴장 상태가 되죠. 그래서 '도둑이 제 발 저린다'라는 표현이 나온 겁니다. 다른 신체 부위는 모두 아닌 척, 안 그런 척 속이고 있는데, 발만은 속일 수가 없는 것입니다. 형사들이 범인을 심문해 보면, 거짓말을 할 때는 범인들이 발을 떠는 경우가 있다고 합니다. 발이 일종의 거짓말 탐지기의 역할도 하는 것입니다. 그래서일까요? 우리나라 사람들은 발을 떠는 것을 좋아하지 않았습니다. 발을 떠는 것을 '복이 나가게 하는 행위'라고 생각했는데, 이는 지나치게 긴장하는 태도를 경계하여 하는 말이 아닐까 합니다. '오금이 저린다'라는 표현도 넓게 보면 다 발과 관련이 있습니다. 또 어찌할 줄 모를 때 우리가 하는 행위는 무언가요? 바로 발만 동동 구르는 것이죠.

우리말에서는 성실함도, 만족도, 걱정도 다 발과 관련이 있습니다.

성인(成人)과 대인(大人)

사람이 된, 더 아픈 사람

극장이나 공원 매표소에서 표를 끊을 때마다 무심코 지나가는 단어들이 있습니다. 그건 바로 '성인'과 '대인'이라는 단어입니다. 저도 늘 별 생각 없이 지나갔습니다. 그러던 어느 날 갑자기 성인과 청소년의 구별을 보면서 나는 성인인가 하는 생각을 하게 되었습니다. 그리고 대인과 소인의 구별을 보면서 나는 대인인가 하는 생각에 한참을 망설이게 되었습니다. 성인이라는 단어에는 왠지 거리낌도 있죠. 성인영화니 성인물이니 하는 단어 속에서 고상함을 찾기는 어렵겠죠. 물론 성인이나 대인은 '나이'의 구별을 의미합니다. 누구나 일정한 나이가 지나면 성인이 되고, 대인이 됩니다. 하지만 두 단어의 의미를 생각해 보면 그리 단순한 문제가 아님을 알 수 있습니다.

성인(成人)이라는 한자 단어의 의미를 풀어 보면 사람을 이루었다는 것이니 '사람이 되었다'는 뜻이 됩니다. 우리말에서도 '사람이 되었다'라는 말은 큰 칭찬입니다. 사람이 사람답게 살아야 성인이 되는 것입니다. 사람이 짐승처럼, 혹은 짐승만도 못하게 살면 성인이 아닙니다.

대인(大人)이라는 말은 어떠한가요? '큰 사람'이라는 뜻입니다. 예부터 소인(小人)의 반대로 '군자(君子)'라는 단어를 썼으니 대인은 군자라는 말도 될 겁니다. 불교에서는 대아(大我)와 소아(小我)라는 말도 합니다. 둘 다 '나'라는 의미이지만 둘의 경지는 전혀 다릅니다. 나를 버린 나, 나와 남의 구별이 없는 '나'가 진정한 '나', 대아인 것입니다. 따라서 세상에 나 아닌 것이 없다는 생각을 하게 되는 것입니다. 우리는 쉽게 성자라고 하는 사람들은 고통에서 해탈되었을 것이라고 생각합니다. 하지만 그것은 소아의 경지에서 하는 이야기일 겁니다. 소아 때 느끼는 고통과는 다른 고통이겠지만 어찌 대아에게 고통이 없겠습니까? 오히려 진정한 대아라면 고통이 더 많아야 정상이 아닐까요? 이 세상에 헐벗고, 굶주리고, 아프고, 상처받은 이들 중에 '나 아닌 사람'이 하나도 없는데, 그 고통을 들어주고 그 고통에서 건져 주고 싶은데 어찌 고통스럽지 않을까요? 또한 대아는 더 기쁜 모습이기도 할 것입니다. 세상의 기쁜 일이나 행복한 일이 다 내 모습이라면 기쁨과 행복의 깊이도 가늠하기 어려울 것입니다.

'아프냐? 나도 아프다'라는 드라마 '다모'의 유명한 대사는 사랑하는 이의 아픔이 그대로 나의 아픔임을 보여주고 있습니다. 어머니에게 자식의 아픔은 나의 아픔보다도 더 크게 다가옵니다. 대인, 깨친 이는 만물, 만인에 대해 어머니의 마음을 갖습니다. 당연히 대인은 소인보다 더 큰 아픔을 가진 사람입니다. '난 대인이니까 괜찮아!' '나는 그 정도는 초월했어'하며 초연한 모습을 보이는 이는 제가 볼 때 '대인'이 아닙니다. 삶과 죽음에 얽매여 있는 이들을 하찮게 바라보는 이들은 대인이 아닙니다. 오히려 그 매듭을 풀어주기 위해서 고통을 함께 느끼는 이가 대인이라는 생각이 듭니다.

이쯤 되면 성인과 대인이라는 단어의 무게가 결코 가볍지 않다는 것을 알 수 있을 것입니다. 실제로는 나이를 먹어도 성인이나 대인이 되는 것이 결코 쉬운 일이 아닙니다. 성인이 되어야 하겠습니다. 대인의 모습으로 살아야 하겠습니다. 두 단어를 보면서 세상을 살아가는 목적을 생각해 봅니다. 매표소 앞에 서서 '대인'의 표를 사며, 잠시 생각에 잠깁니다. '내가 대인인가?' 여전히 소인배처럼 살아가는 모습에서 하루를 반성으로 시작해 봅니다.

머리가 아프다, 가슴이 아프다

이성과 감정의 고통

     복잡한 일이 있으면 머리가 아픕니다. 무언가 꼬여있는 일을 대하고 있노라면 머리가 지끈거리고 아픕니다. 심한 경우에는 머리가 깨질 것처럼 아프다는 말도 합니다. 시험 문제를 앞에 두고 있으면 머리가 아픕니다. 그래서 논리적이고 이성적인 문제들은 머리로 풀어야 하나 봅니다. 그렇기 때문에 '머리'는 '이성'의 상징처럼 되어 있을 겁니다. 냉철한 이성은 머리에서 나옵니다. 머리가 좋다는 말에는 따뜻함이 느껴지지 않죠.

     하지만 사랑하는 이가 떠나가거나 불쌍한 사람들을 바라보고 있노라면 머리가 아픈 것이 아니라 가슴이 아픕니다. 만약 불쌍한 이를 보고 머리가 아픈 사람이 있다면 그들은 아마도 가난을 해결해 줘야 하는 정치인이나 관리가 아닐까요? 사랑을 하면서 머리가 아픈 경우는 양다리를 걸쳤거나 돈이나 지위를 먼저 생각할 때가 아닐까요? 가슴이 아프다는 말은 심장과 관련이 있습니다. 그래서 우리는 심장이 터질 것 같다고 합니다. 사랑 앞에서 우리는 저절로 심장이 두근거립니다. 다른 이의 고통을 보면 저절로 가슴이 아려 옵니다. 이것은 자동적이고 즉각적인 반응입니다. '가슴'은 저절로 일어나는 반응이기에 '따뜻함'의 상징이 됩니다. 머리에서 가슴으로 생각을 옮기는 것이 참 어렵다는 어떤 분의 말씀이 뜻 깊게 다가옵니다. 가슴에서 다리로 옮겨오는 것은 더 어렵다는 말을 그 때 그 분은 덧붙였습니다. 이성과 감성, 그리고 행동의 차이를 보여주는 귀한 비유라는 생각이 듭니다.

저는 머리의 힘보다는 가슴의 힘을 믿습니다. 머리는 거짓을 행할 수 있지만, 가슴은 거짓을 행할 수 없습니다. 아무렇지 않은 듯, 태연한 척 있어도 가슴이 떨려 옴은 어쩔 수 없지 않은가요? 잘못한 일은 스스로 생각해 봐도 부끄러울 수밖에 없고, 죄책감이 생길 수밖에 없습니다. 이렇듯 뻔히 잘못을 저질러 놓고도 그럴 수밖에 없었다고 스스로를 합리화시키는 것은 다 머리로 하는 일입니다. 우리의 머리가 잘못에 대한 부끄러움을 잊게 하는 경우가 많습니다. 그럴 때 머리의 판단을 믿지 말고 내 가슴이라는 거울에 스스로를 비추어 본다면 가슴이 아파 올 것입니다. 저는 가슴이 아파야 사람이라는 생각을 하고 있습니다.

우리 속담에 '사촌이 땅을 사면 배가 아프다'라는 말이 있습니다. 잘은 모르겠지만 배가 아픈 것은 질투와도 관련이 되나 봅니다. 실제로 다른 사람이 잘 되는 것을 보거나 하면 배가 아픈 경우가 있습니다. '배알이 꼬인다', '장이 뒤틀린다'라는 표현도 쓰는데 아마도 자신이 이루고 싶은 것을 다른 이가 이루었다는 생각에 스트레스가 장을 경직시키는 듯합니다. 이렇게 생각해 본다면 '배가 아픈 것'은 별로 아름다운 아픔은 아닙니다.

아픈 일에는 치료의 방법도 있어야 할 겁니다. 머리가 아픈 것은 그 일이 해결 되면 그야말로 씻은 듯이 낫게 됩니다. 문제가 풀렸을 때의 기분을 생각해 보면 알 것입니다. 가슴이 아픈 것은 해결이 좀 어렵습니다. 시간이 해결해 주는 경우가 많고, 어떤 경우에는 부끄러운 일을 회개하거나 속죄하는 행동을 해야 해결되는 경우도 있습니다.

우리말 '아프다'와 관련된 표현들을 보면서 문득 드는 생각은 아프지 말아야겠다는 겁니다. 새삼 건강하게 하루하루를 살아갈 결심을 해 봅니다.

맞먹다

함께 먹는 것이 좋은 것

누군가가 자신에게 대들 때나 나이 어린 사람을 귀여워해 주었더니 기어오를(?) 때 우리는 '맞먹는다'는 표현을 씁니다. 좋은 표현은 아니죠. 오히려 '감히 네가!' 하는 식의 얕보는 태도가 담겨 있는 말입니다. '맞먹다'라는 말은 '맞'과 '먹다'가 합쳐진 말인데, 마주 보고 먹는다는 의미를 갖고 있는 말이라고 할 수 있습니다. '맞다, 맞이하다, 마주, 마중, 맞서다, 맞선, 만나다(맞나다)' 등의 단어들이 모두 같은 어원에서 출발하였다고 볼 수 있습니다. 다 둘 이상의 존재가 있어야 가능한 행위들인 것입니다.

'맞먹다'는 말은 겸상을 한다는 의미를 갖고 있는 듯합니다. 실제로 어른들과 아이는 같이 겸상을 하기 어려웠습니다. 높은 사람과 함께 겸상을 한다는 것은 대단한 영광이기도 했습니다. 따라서 누군가와 겸상을 했다는 것은 자랑이 되었을 것입니다. 반면에 수준이 안 되는 사람이 자신과 겸상을 하려고 한다면 아마도 언짢은 기분이 들 것입니다. 그래서 '네가 맞먹으려고 하냐?'는 질책이 나오게 되었을 것입니다.

시대가 바뀌면서 더 이상 함께 식사를 하는 것이 자랑이 되지 않게 되었습니다. 어차피 식사는 함께 하는 일이 된 것입니다. 식탁에서 쫓아내어 혼자 먹게 한다면 그것만큼 큰 수모가 없을 것입니다. 그것은 집안의 개나 고양이 같은 짐승 취급을 하는 것이나 마찬가지인 것입니다. 이제는 맞먹는 것이 당연한 일이 되었습니다.

그런데 우리는 이제 다른 이유로 겸상의 시간이 없어지고 말았습니다. 바쁘다는 이유로 부모와 자식이 식사를 같이 하지 않습니다. 혼자 먹고 휙 떠나 버린 가족의 자리는 참 쓸쓸해 보입니다. 식탁에도 제대로 앉지 않고 선 채로 우유나 토스트를 먹고 나가는 아이들에게 같이 밥 먹는 따뜻함은 사라진 지 오래입니다. 저녁에도 함께 식사하는 경우가 줄어들었습니다. 여러 가지 약속으로 서로의 식사 시간은 쪼개지게 됩니다. 혼자 밥 먹는 게 가장 처량하다는 주부의 넋두리는 그냥 넋두리가 아닐 겁니다. 사람을 우울하게 만드는 것이죠. 가족의 끈이 약해지고 있는 것입니다.

식구(食口)가 가족(家族)하고 다른 것은 밥을 같이 먹기 때문입니다. 밥을 같이 먹지 않으면 식구가 아닌 셈입니다. 함께 식사할 수 있는 시간을 늘려야 합니다. 그리고 가능하면 밥은 집에서 먹어야 합니다. 혹시 식사를 먼저 했더라도 나중에 밥을 먹는 식구 옆에 앉아서 이런 저런 이야기를 나누어야 합니다. 가만히 생각해 보면 제가 늦게 와서 혼자 밥을 먹을 때에도 어머니는 주로 밥상 옆에 앉으셔서 이런 저런 이야기를 묻곤 하셨던 것 같습니다.

식구끼리 대화가 부족하다고 걱정하는 사람들이 있습니다. 대화가 부족하다면 밥을 같이 먹는 시간을 만들어야 합니다. 텔레비전을 보면서는 서로 이야기하기 어렵습니다. 기껏 이야기를 하더라도 대화의 주제가 TV 속을 향하게 됩니다. 저 배우가 어떻고, 저 가수가 어떻고, 뉴스가 어떻고 하는 이야기들 말입니다.

의미는 좀 달리 쓰이고 있지만 서로 자주 맞먹었으면 합니다. 같이 밥을 먹으면서 아이들과 학교 이야기를 하고, 친구 이야기를 하였으면 합니다. 그러면 자연스레 아이의 관심사와 친구 관계도 알게 될 것입니다. 이야기는 해본 사람이 합니다. 아이와 부모 사이에 말수가 적어지는 것은 대화의 시간 자체가 줄어들었기 때문입니다. 아이에게 부모와 이야기하는 버릇을 심어주어야 합니다. 부부 간에도 마찬가지이겠죠. 대화는 하다 보면 늘고, 안 하다 보면 줄어들게 되는 것입니다. '자꾸 맞먹자! 그리고 더 많이 대화하자!'

천국(天國)

서로가 행복한 세상

죽음 뒤에는 어떤 세상이 있을까요? 정말 내세는 있나요? 사람들마다 의견이 다르고, 종교마다 부르는 명칭은 다르지만 뭔가 있을 것이라는 생각은 공통적으로 하는 것 같습니다. 주변의 상갓집에 가 봐도 그렇습니다. 평상시에는 무신론자인 사람들도 꼭 좋은 곳으로 가시기를 바란다든지, 이제 고통이 없는 편한 곳으로 가셨을 것이라는 위로의 말을 건넵니다. 그리고 돌아가신 부모님이 자식들을 지켜주실 거라는 말도 하곤 합니다. 대화를 들어보면 분명 죽는 게 끝은 아니라는 생각이 듭니다. 죽으면 끝이라는 생각으로 목숨을 버리는 '자살하는 사람'들도 유서에는 먼저 가서 기다리겠다든지, 다음 세상에서 만나자든지 하는 이야기를 적어놓습니다. 이 세상은 이렇게 끝나지만 저 세상은 새로 시작한다는 생각을 하는 것입니다. 내세를 믿고 있는 것이죠.

아무도 죽어본 사람이 없으니 내세가 어떤 곳인지에 대해서 분명히 이야기할 수는 없을 겁니다. 하지만 내세가 없다면, 죽는 게 끝이라면 누가 이득일까요? 아무리 나쁜 짓을 해도, 남을 괴롭혀도 죽으면 그대로 끝이라면 세상은 참 불공평한 곳이 될 겁니다. 즉, 악인은 죽음으로써 오히려 혜택을 받는 셈이 되는 것입니다. 내세가 있는지 정확히 알 수는 없으나 내세가 있어야 하는 이유는 이런 공평함에 있을 것입니다. 내세가 있어야 착하게 사는 사람이 복을 받고, 악하게 사는 사람이 벌을 받을 테니 말입니다. 저는 내세가 꼭 있기를 바랍니다.(그런데 갑자기 겁이 나는 것은 왜일까요?)

내세가 있다면 어떤 모습일까요? 여러 이야기가 있지만 '천국과 지옥'이 필요할 듯합니다. 착한 이는 복을 받는다고 해야 사람들이 착한 일을 하려고 할 테니까요. 힘들게 살았던 이가 저 세상에서도 힘들게 산다면 참 슬픈 일이 아닌가요? 남들을 괴롭히고, 제 배만 불리던 이들이 저 세상에서도 그저 잘 산다면 진정 통탄할 일이 아닌가요?

얼마 전에 경복궁에 있는 국립민속박물관에 갔다가 재미있는 민화를 하나 보았습니다. 그 그림 속에는 천당과 지옥의 모습이 그려져 있었습니다. 지옥은 악인들의 목이 잘리는 끔찍한 그림으로 표현되어 있었습니다. 예상이 가능한 그림이었습니다. 원래 지옥에서는 나쁜 놈들이 불에 타고, 뱀에 먹히고 그러는 장면들이 나오지 않습니까?

그럼 천당의 모습은 어떨까요? 궁금해졌습니다. 맛있는 음식이 가득하고, 노래와 춤이 가득하면 천당이 아닐까요? 그런데 그 그림에서는 의외의 모습이 그려져 있었습니다. 그것은 바로 남편이 아내의 어깨를 주물러 주고 있는 모습이었습니다. 절로 웃음이 나왔습니다. 참으로 소박한 생각이 아닐 수 없습니다. 하지만 금방 이해가 되었습니다. 늘 속을 썩이던 남편이 어깨를 주무르고 있는데 아내에게는 이보다 더 행복한 일이 어디 있겠습니까? 천당은 사랑하는 이와 행복하게 사는 곳이라는 생각이 담겨 있는 그림인 것입니다.

그림을 보고 돌아오는 길에 천당이 멀리 있는 것이 아니구나 하는 생각이 들었습니다. 아내를 행복하게 해 주면 천국인 것입니다. 아이들을 행복하게 해 주면 천국이고, 부모님을 행복하게 해 드리면 천국인 것입니다. 주변에 아픈 사람이 없게 하면 천국이 되는 것입니다. 서로가 행복한 세상은 나에게도 다른 이에게도 천국이 되는 것입니다.

금방 천당으로 가고 싶은 마음은 없습니다. 그곳이 좋은 곳일지라도 할 수만 있다면 천천히 가고 싶습니다. 그리고 이승에 머물러 있는 동안 저도 제 주변 사람들도 천국을 느끼며 살았으면 하는 바람을 가져 봅니다. 물론 그 바람은 우리의 노력으로 이루어질 수 있을 것입니다.

  그 날 저는 집에 와서 아내의 어깨를 주물러 주었습니다. 아내가 웃었습니다. 저는 그 날 천국을 보았습니다.

깨다

파괴와 밝음의 세계

아침에 일어나는 것을 우리는 '잠에서 깨었다'고 합니다. 잠에서 깨는 것과 일어나는 것은 약간의 차이가 있습니다. 보통 일어나는 것은 잠자리 밖으로 나오는 것을 의미합니다. 반면에 깨는 것은 단순히 잠을 더 이상 자지 않는다는 의미가 되죠. 영어에서 'wake up'과 'get up'이 차이가 있는 것과 마찬가지라 할 수 있습니다. '깨는 시간'과 '일어나는 시간'이 같은 사람은 대단한 사람이라는 말도 있습니다. 우리의 아침 모습을 그려 보면 금방 알 겁니다. 특히 아이들의 경우는 대부분 '5분만!'을 외치며 잠자리에 머물려 하죠. 저는 잠에서 깨어서 일어나기 전까지의 시간을 소중하게 생각합니다. 즉, 깨어는 있으되 일어나지 않은 상황이 제게는 귀한 순간이 됩니다. 여러분은 일어나기 전에 잠자리에서 무엇을 하나요?

우리말의 '깨다'만큼 다양한 의미로 우리에게 생각거리를 주는 어휘는 없는 듯합니다. '깨다'는 종종 파괴적인 의미로 다가옵니다. 무엇인가를 부수는 행위를 나타내기 때문이죠. 동시에 잠에서 깨는 것은 어둠에서 벗어나는 밝음을 보여주는 것이기도 합니다. 또한 '깨다'라는 말이 '알을 깨다'와 같은 상황에서 사용되면 자신의 한계를 넘어서려는 노력을 보여주게 됩니다. '깨뜨리고, 깨어지고, 깨고, 깨치는' 모습들이 담겨 있는 것입니다.

물론 생각해 보면 '파괴'와 '밝음'이 완전히 다른 것은 아닙니다. '깨지다'라는 말이 자신의 고정관념, 편견, 습관 등을 대상으로 할 때는 '깨침'의 의미가 되기도 합니다. 자신을 깨뜨리지 않고서 '깨칠' 수는 없습니다. 깨달음을 얻기 위해서 수행하던 사람들을 생각해 보면 더욱 그러합니다. 자신을 둘러싸고 있는 습성들을 없애기 위해서 산속에서, 들판에서, 황무지에서 얼마나 외롭고 고통스러운 시간을 보냈던가요? 자신을 깨뜨려야 새로운 세계를 만날 수 있습니다. 완전히 바뀌게 되는 것입니다.

저는 잠에서 깨면 늘 무언가 개운하지 않은 느낌이 있었습니다. 어젯밤에 미처 내려놓지 못한 걱정거리들이 나를 누르고 있기도 하고, 오늘 해야 할 일들에 대한 앞선 걱정들이 머리끝을 잡아당기기도 하였습니다. 깨는 일 자체가 고통이었습니다. 그래서 때로는 깨지 않으려 노력하기도 하고, 이미 정신은 맑아졌음에도 눈 감고 잠자리에 머무는 시간이 많았습니다.

그러던 어느 날 깨는 것이 깨치는 것과 연결된다는 사실이 가슴 속으로 다가왔습니다. 그동안 나는 깨는 일을 힘들어 했을 뿐 그 시간을 깨침으로 바꾸려는 생각을 하지 않았구나 하는 반성이 생겼습니다. 그 후로 저는 일어나기 전까지의 시간을 나를 깨우는 시간으로 보내고 있습니다. 깨달음의 시간, 반성의 시간, 사랑의 시간으로 바꾸려 하는 것입니다.

잠에서 깨면 생각나는 얼굴들이 많습니다. 우선은 꿈속에서 만났던 얼굴들이 떠오릅니다. 좋은 기억인 경우도 있고, 그렇지 않은 경우도 있습니다. 하지만 저는 떠오르는 얼굴 하나하나에 행복을 기원해 줍니다. 어떤 날은 정말 내키지 않는 경우도 있지만, 그런 마음을 떨치고 가능하면 얼굴에 미소를 담고 행운을 빕니다. 많은 얼굴들이 지나가고, 나의 기원도 늘어갑니다. 얼굴의 미소도 점점 많아지고, 자연스러워집니다.

어떤 날은 기원의 시간이 5분이 되기도 하고, 어떤

날은 잠자리에 더 머물러 30분이 되기도 합니다. 하지만 시간의 길이와 상관없이 많은 반성과 깨달음의 시간을 보내게 됩니다. 그 시간은 온전히 기쁨입니다. '오늘 아침 내 머릿속에 떠올랐던 모든 분들이여 행복하시라!'

| 제2부 |

우리말과 세상을 보는 눈

말과 소리 | 언어(言語) | 헛기침 | 말 한 마디로 천 냥 빚을 갚는다 | 감탄사(感歎詞)가 절로 난다
명사(名詞)와 동사(動詞)의 시각 | 형용사(形容詞)의 발달 | 무엇의 대명사(代名詞)
해님과 달님 | 한 세 시쯤 | 토를 달다 | 반말 | 말버릇 | '어서'와 '니까' | 개고기 | 정
절벽(絕壁) | 꿈 | '-씨' | 신경질 | 금기(禁忌)

말과 소리

느낌을 공유해야 말

　　우리나라에서 말을 잘 하는 사람들은 어떤 사람일까요? 우선 전통적인 언어관으로 볼 때, 말을 하지 않고도 의사소통을 하는 사람이 가장 좋았던 것 같습니다. '말이 필요 없다'는 말은 거기에서 나온 것입니다. '꼭 말을 해야 아는가?'라는 표현도 말의 부정확성을 나타냅니다. 말로 표현하는 순간에는 왜곡이 진행되고, 오해가 발생하기도 합니다.

　　하지만 인간이란 언어를 가진 존재이기 때문에 말을 하지 않고는 살 수 없습니다. 아니 말이 필요하기 때문에 '말'을 사용하게 되었을 것입니다. 그런데 말이라고 해서 다 말은 아니었던 것입니다. '말이면 다 말인 줄 알아?'라는 표현도 그래서 나온 것입니다. 인간다운 말이 아니면, 우리는 말이라고 하지 않고 '소리'라고 했습니다. 이해가 안 되는 말을 하는 사람에게 '그게 무슨 소리야?'라고 이야기합니다. 그걸 말이라고 하냐는 것입니다. 또한 '말이 되는 소리를 하라'고도 표현합니다. 소리를 하지 말고, 말을 해야 이해가 된다는 의미죠. 소리와 말의 차이를 분명하게 보여주고 있는 표현입니다. 사람의 말을 '개소리'라고 표현하면 소리 중에서도 의미 없는 '짖음'이 되는 것입니다.

말을 하려면 말이 되어야 합니다. '말 된다'라는 말은 '일리가 있다'는 느낌을 넘어서 상대의 말을 이해할 수 있다는 표현이 됩니다. 서로 같은 느낌을 공유하기 때문에 말이 되는 것입니다. 어찌 보면 논리적이지는 않지만 서로의 생각이 닿아있는 것입니다.

우리는 '말이 통한다'는 표현도 씁니다. 말이 되었다고 해서 다 말은 아닙니다. 즉, 말이 두 사람 사이에서 통해야 하는 것입니다. 날씨가 좀 춥다고 말하는 사람에게 '이제 겨울이 가까워져서 그렇다'라고 말하는 사람은 말이 안 통한 것입니다. 얼른 따뜻한 차도 가져다주고, 창문도 닫고, 집 안의 온도도 올려야 말이 통한 것입니다. 말은 서로가 원하는 것을 알려고 하고, 알게 되었을 때 통하는 겁니다. 말이 안 통하는 사람과 이야기하는 것은 답답한 일이 아닐 수 없습니다.

말을 알아듣기는커녕 '말의 꼬리'를 잡는 것은 대화를 방해하려는 태도입니다. 내가 이야기하고자 했던 생각들에는 관심이 없고 나의 실수에만 관심이 있는 경우죠. 그런 사람과 이야기를 해야만 한다면 참으로 피곤한 일이 아닐 수 없습니다. 또한 상대방의 말이 끝나기도 전에 말을 자르는 것도 기분 나쁜 일입니다. 내가 하려고 했던 이야기를 잊어버리거나 이야기의 흥이 깨지게 되면 그 대화 역시 끝나게 되는 것입니다.

말을 잘 하려면 소리를 하지 말고 말을 해야 합니다. 말은 서로 통하기 위해서 하는 것입니다. 그래서 말을 하지 않아도 서로를 알 수 있도록 노력하는 것도 중요합니다. 일상생활에서 말을 할 때는 상대방과 공유된 느낌 속에서 이야기를 하여야 할 것입니다. 자신의 언어를 들여다보기 바랍니다. 내가 소리를 하고 있는 것은 아닌지, 말꼬리나 잡고 있는 것은 아닌지, 다른 사람의 말을 툭툭 잘라내고 있는 것은 아닌지.

언어(言語)

자신을 가두는 생각

박성배 선생님께서 사람 간의 의사소통을 막는 도구로 언어를 이야기 하셨을 때, 약간의 반발이 꿈틀거렸습니다. 언어는 의사소통의 도구가 아닌가, 언어를 통해서 더 큰 나눔이 있는 것이 아닌가 하는 생각이 들었습니다. 그러나 언어가 논리가 되고, 그 논리는 죽을 때까지 변하기 어렵다는 말씀은 언어 속에 갇힌 우리에 대해서 더 생각해 보게 하였습니다. 언어가 감옥이 되는 것이죠. 사고의 감옥, 소통의 감옥.

불교의 선에서 제일 첫 번째 중요한 것이 '침묵'이라는 이야기를 하셨을 때, 언어가 나를 가두고 있는 세계이겠구나 하는 생각이 들었습니다. 또한 언어를 사용하면 능력, 지혜의 대부분이 사라지고 만다는 말씀은 침묵의 중요성을 다시 생각하게 하였습니다.

언어학을 공부할 때, 한 선배가 이런 질문을 한 적이 있습니다. 언어학은 왜 공부하는가? '법을 공부하는 이유는 법이 필요 없는 세상을 만들기 위한 것이고, 언어를 공부하는 이유는 언어가 필요 없는 세상을 만들기 위한 것이다.' 궤변이라는 생각이 들었습니다. 그런데 요즘에는 자꾸 그 질문이 생각이 납니다. 언어를 통해서 사고가 얼마나 제한되는지 새삼 느끼게 됩니다.

우리는 언어로 규정짓고, 그 언어로 다시 나를 얽어맵니다. 무지개를 일곱 색이라고 생각하는 것도 언어가 만들어 놓은 감옥입니다. 우리는 언어가 규정해 놓은 대로 사과가 당연히 빨간 색이라고 생각하고, 의사나 운전수는 왠지 남자일 거라고 생각합니다. 우리는 하늘색은 푸른색이어야 한다는 생각을 왜 밤에도 하고 있을까요?

침묵은 언어와의 단절을 줍니다. 하지만 진정한 침묵은 언어로 생각하는 것도 끊어야 이루어지는 것입니다. 언어로 정의내리고, 비교하고, 판단하였던 세상을 언어가 아닌 무엇으로 다시 다가가 보는 것입니다.

침묵을 통해서 그동안 언어의 감옥 속에서 놓쳐버렸을지도 모르는 아름다운 그리움들을 되살려 보고 싶습니다.

헛기침

내가 있음을 알리는 배려

우리나라와 서양의 문화는 여러 측면에서 차이가 있지만, 그 중에서 재미있는 현상은 '헛기침'과 '노크'가 아닌가 합니다. 서양 사람은 어느 곳에 들어가려고 할 때 주로 문을 두드리는 행위를 하는 데 비해, 우리는 주로 헛기침을 하여 자기가 가는 것을 알렸습니다.

생각해 보면 어린 시절에 저는 노크를 해본 적이 별로 없는 것 같습니다. 화장실에 갈 때도 노크보다는 인기척을 주로 내었던 듯합니다. 안방에 들어갈 때도 노크를 하지는 않고 '엄마!' 하고 부르고 가거나 '들어가도 돼요?'라고 여쭙고 들어갔지, 노크를 한 기억은 없기 때문입니다. 나뿐만 아니라 한국 사람들은 일반적으로 예전에 노크를 하지 않았습니다. 노크 대신에 헛기침과 같은 인기척을 했습니다.

헛기침과 노크는 공간의 인식에서 차이를 나타냅니다. 노크는 필수적으로 문과 붙어 있어야 합니다. 손이 문에 닿아서 소리를 내게 되기 때문입니다. 하지만 헛기침은 멀리서도 자신의 존재를 알릴 수 있으니 '거리'를 두고 하는 행위가 되는 것이지요. 사실 '노크'라는 게 너무 가까이에서 하는 행위이기 때문에 여러 가지 예기치 않는 문제들도 만들어 내게 됩니다. 예를 들어 원치 않은 이야기를 들을 수 있습니다. 노크 후에 갑자기 문을 열게 되면, 서로에게 당황스러운 상황이 발생할 수도 있습니다. 드라마를 보면 노크 후에 갑자기 들어온 사람 앞에서 어색해하는 연인들의 모습도 자주 나오지 않던가요?

헛기침은 멀리서 자신의 존재를 알리기 때문에 배려의 문화가 되기도 합니다. 혹시라도 내가 다가가는 것이 불편한 사람들에게 내가 가고 있음을 멀리에서 알려 주는 것입니다. 예전에는 화장실에 갈 때도 이러저러한 소리를 내며 내가 화장실에 가려한다는 것을 알렸습니다. 그때 화장실에 누가 있으면 또 이러저러한 소리를 내어 자기가 있음을 알게 했습니다. 일을 보고 있는 사람 가까이에 가서 노크를 하는 것도 어찌 보면 서로에게 부담스러운 행위일 것입니다.

한국 사람의 인사법을 보면 우리가 일정한 거리를 두

려 하였음을 알 수 있습니다. 서양식 인사법인 악수나 포옹, 키스 등은 매우 거리가 가까운 행위들입니다. 손을 잡아야 하고, 서로 안아야 하고, 입을 맞추어야 하는 행위인 것입니다. 그러나 우리는 주로 멀리 떨어져서 고개를 숙여 인사를 하였습니다. 서로 지나가면서 부딪히지 않도록 조심할 정도로 일정한 거리를 유지하였던 것입니다.

    이제 시대가 바뀌어 헛기침보다는 노크가 편해진 것 같습니다. 멀리서 하는 인사보다는 악수가 편하고 포옹이 다정스럽게 느껴지기도 합니다. 우리나라 사람도 이제 사람 간의 거리가 매우 좁혀진 것입니다. 가까이 있는 것에 대해 우리가 느끼는 불편함의 정도가 약해졌다고 할 수 있을 것입니다. 하지만 나는 헛기침을 하면서 신호를 보냈던, 다른 사람을 배려하는 마음은 기억했으면 합니다. 노크보다는 헛기침이 더 인간적이었다는 생각이 듭니다.

말 한 마디로 천 냥 빚을 갚는다

해야 하는 말

    우리나라 사람들은 표현에 인색하다고들 합니다. 특히 '미안하다'라든지, '감사하다'와 같은 표현은 잘 못하는 것 같습니다. 표현을 잘 하지 않다보니, 표현을 잘 못하게도 된 것 같습니다. 그런데 우리 속담에는 특별히 '말'과 관련된 것들이 많습니다. 그 중에서도 '말 한 마디로 천 냥 빚을 갚는다'는 많은 생각을 하게 합니다. 말의 중요성, 표현의 중요성을 잘 나타낸 속담이기 때문입니다.

    다른 나라에서도 표현을 어색해 하는 경우는 많은 것 같습니다. 서양에서도 종종 이러한 모습이 발견됩니다. '사랑은 미안하다고 하지 않는 것'이라는 그 유명한 '러브스토리'의 대사도 말을 하지 않아도 알 수 있음을 이야기하고 있는 것입니다. 사랑한다는 말 대신에 'ditto(동감)'라는 말을 하던 '사랑과 영혼(Goast)'의 패트릭 스웨이지처럼 서양인들도 모든 표현을 입 밖으로 내는 것이 쉬운 것은 아닙니다.

우리의 어르신들은 '사랑'이라고 하면 사랑이 아니라고 생각하기도 하였습니다. '그걸 말로 해야지 알아!'라는 어르신들의 말씀은 사실 우리에게 전해주는 바가 큽니다. 미안하다는 말이나 고맙다는 말이 종종 어렵습니다. 미안하다고 말을 하는 것조차 미안한 경우도 있습니다. 고맙다는 말로는 너무나도 부족함을 느낄 때도 있습니다.

또한 표현을 하지 않는 데는 문화적인 배경도 있을 것입니다. 몽골에서는 식탁 아래에서 발이 부딪치면 악수를 해야 합니다. 왜 그러냐고 물어봤더니 속 시원하게 대답해주는 몽골인은 없었습니다. 악수는 원래 내 손에 무기가 없음을 보여주려는 데서 시작한 것입니다. 아마 몽골에서는 내가 발을 부딪친 것이 공격의 몸짓으로 보였을까 두려워하였던 것으로 생각됩니다. 이렇게 표현이 필요한 문화도 있는 것입니다. 낯선 이와 자주 마주하게 되는 유목 민족의 경우에는 표현을 하지 않으면 싸움이 일어날 수도 있었을 것입니다. 미국의 경우도 서부 개척 시대에 표현은 무척이나 중요하였을 것입니다. 고맙다는 표현보다는 미안하다는 표현이 훨씬 중요한 표현이었을 것입니다.

우리말에 '옷깃만 스쳐도 인연'이라는 말이 있습니다. 물론 어깨가 심하게 부딪치면 안 좋은 인연이었을 것이라는 생각도 듭니다. 가볍게 옷깃을 스치거나 살짝 부딪치는 것은 장터에서 흔한 일입니다. 일일이 미안하다는 말을 하기보다는 그저 먼 인연이었으리라 생각하는 것이 편하고, 쉬운 일이었을 겁니다. 하지만 세게 부딪치거나 발을 밟았는데도 미안하다고 하지 않는 이는 이상한 사람일 겁니다. 이런 사람일수록 상대방이 강해 보이면 얼른 미안하다고 합니다. 상대방의 반응에 따라 미안하다는 표현이 금방 나오기도 하는 것이지요. 그러고 보면 표현은 상대적인 것이기도 한 것입니다. 상황이나 상대에 따라 발화의 속도가 달라지니 말입니다.

    우리나라 사람들은 말을 많이 하는 것을 꺼렸던 것 같습니다. '저 사람은 말이 많다'라는 말은 매우 부정적으로 쓰입니다. 또한 '말 많은 회사'라고 하면 큰 문제가 있는 회사라는 뜻이 됩니다. 그래서 표현을 두려워하였던 것 같습니다. 하지만 그래도 말은 필요한 것이고, 적절히 사용해야 하므로 '고기는 씹어야 맛이고, 말은 해야 맛이다'라는 속담이 나온 것입니다. 이왕지사 해야 하는 말이라면 '말 한 마디로 천 냥 빚을 갚는다'는 생각으로 조심스레 해야 하는 것이며, '아 다르고 어 다르다'는 말처럼 더 좋은 표현을 찾으려 노력해야 할 것입니다. 한편으로는 '발 없는 말이 천리 간다'는 말이나 '밤 말은 쥐가 듣고 낮말은 새가 듣는다'는 말처럼 헛된 말, 남들에게 기분 나쁜 말은 삼가야 할 것입니다. '빈 수레가 요란하다'라든지, '혀 아래 도끼 들었다'는 속담은 모두 말의 가볍고, 끔찍한 힘을 경계하는 말일 것입니다.

내가 미안하다고 하지 않았을 때 상대편의 기분이 더 나빠진다면 반드시 사과를 해야 할 겁니다. 내가 미안하다고 하는 것이 너무 형식적이어서 상대편이 받아들이기 어렵다면, 내 말의 느낌을 다시 들여다봐야 할 겁니다.

정말 미안하다면 미안한 마음으로 미안하다고 이야기하는 것이 좋겠습니다. 진심이 담긴 말 한 마디로 천 냥 빚을 갚을 수도 있기 때문입니다.

감탄사(感歎詞)가 절로 난다

세상을 살맛 나게 하는 말

감탄사는 말 그대로 감탄할 때 나오는 소리에 해당하는 말들을 일컫는 품사입니다. 우리가 보통 '감탄'이라고 할 때는 좋은 일이나 놀라운 일들을 의미하게 됩니다. 그러나 실제로 우리에게 감탄사는 감탄할 때는 거의 사용하지 않고, 탄식할 때나 비꼴 때 더 자주 사용하는 말들이 되어 버렸습니다. 좋을 때 '와!'와 같은 표현을 우리는 얼마나 자주 사용하나요? 우리가 감탄할 때 사용하는 말은 어떤 게 있을까요?

사실 생각해 보면 우리말에서 감탄사는 다양하게 나타납니다. '오! 야! 와! 얼씨구! 이크! 어머나! 이런! 어이쿠! 으악! 에게!(너무 작을 때) 이구! 에구머니나! 어랍쇼!' 각각의 감탄사들을 감정을 실어서 말해보면 느낌이 살아나게 됩니다. 요즘에는 외래 감탄사들도 많이 들어와 있습니다. '웁스, 오우, 우우(야유할 때), 헤이!' 등이 그렇습니다.

    감탄사가 우리의 언어 속에서 사라져간다는 것은 슬픈 일입니다. 얼마 전에 텔레비전의 강의를 보는데, 사람만이 감탄을 한다는 내용이 나와서 참 많은 생각을 하게 되었습니다. 사람은 감탄을 먹고 삽니다. 많은 사람들이 부모나 윗사람에게 인정을 받으려고 노력을 합니다. 이렇게 인정을 받으려는 마음도 본질적으로는 누군가의 감탄을 받고 싶기 때문일 것입니다. 그런데 우리는 인정을 받으려는 모습을 보면서 감탄은 하지 않고, 오히려 무언가 잘못한 것이 없나 찾으려고 합니다. 비판적 시각이 늘 좋은 것은 아닙니다. 특히 아이들이나 학생들에게는 감탄이 보약입니다.

    우리말 표현을 살펴보면 다른 품사들에 비해서 유독 '감탄사'라는 용어만 그 자체로 자주 사용됩니다. 우리는 '감탄사를 연발하다'라는 말도 합니다. 아주 멋진 경치들을 보면서, 박물관의 작품들을 보면서 우리는 감탄사를 연발합니다. 이는 참으로 자연스러운 현상입니다. 멋진 것을 보면서도 심각한 표정을 짓는 것은 어쩐지 인간적이지 않은 느낌입니다. 그래서 우리는 '감탄사가 절로 난다'라는 표현도 사용하는 것입니다. 감탄사는 억지로 나오는 것이 아닙니다. 하지 않으려 해도 내 깊은 마음의 울림이 밖으로 튀어나오는 것입니다. 이제는 두려워하고, 실수하고, 화를 내고, 기분 나쁠 때 사용하는 감탄사를 줄이고, 기쁠 때, 칭찬할 때, 아름다울 때, 멋있을 때 사용하는 감탄사가 많아지기 바랍니다.

한편 감탄사는 마음의 울림이기는 하지만 버릇이기도 합니다. 그러한 상황에서 자주 사용하다보면, 아니 사용하려고 노력하다 보면 좀 더 자연스럽게 사용할 수 있습니다. 멋있는 것을 보았을 때는 물론 아이들의 작은 노력을 보았을 때도 감탄하고, 학생들의 글이나 작품을 보면서 '와! 멋있다, 야! 아주 잘 했어, 오! 대단한데'와 같은 말들을 해 보는 건 어떨까요? 아이들은 감탄을 먹고 쑥쑥 자라나게 될 것입니다.

감탄을 잘 하는 사람에게는 친구가 많습니다. 자신의 모습을 보면서 칭찬해 주는 사람, 자신의 성과를 내 일처럼 기뻐해 주는 사람과 안 친할 수 없을 것입니다. 맞장구를 잘 쳐주는 친구들과는 계속 얘기가 하고 싶어지는 것이 당연하지 않을까요? 제 어머니를 보면 친구들이 많으신데 그 비결은 '감탄사'에 있다는 생각이 듭니다. 친구 분들하고 이야기하시는 모습을 보면 '맞아, 맞아!'하며 늘 맞장구쳐 주시고, '오, 그랬어!'하며 놀라워하십니다.

　　세상이 살맛 나고 아름다워지려면 감탄사가 많아져야 할 것입니다. 모두가 다른 사람들을 감탄하게 하기 위해서 노력하면 좋겠습니다. 어마어마한 일이 아니라 작은 일로, 작은 정성으로, 사소해 보이는 배려로 감탄을 불러 올 수 있습니다. 또 다른 사람의 노력을 보면서 감탄하는 버릇이 생기기 바랍니다. 그야말로 감탄사가 절로 나는 세상을 그려봅니다.

명사(名詞)와 동사(動詞)의 시각

세상을 바라보는 기준

    문법이라고 하면 머리가 아픈 사람들은 제목을 보면서 머리가 아팠을지도 모르겠습니다. 하지만 오늘의 이야기는 문법 이야기가 아니라 세상을 바라보는 시각에 관한 이야기입니다. 어떤 품사를 많이 쓰는가에 따라 세상을 보는 눈이 달라진다는 이야기를 나누고 싶은 것입니다.

    서양의 언어와 동양의 언어 간의 차이점은 명사 중심인가, 동사 중심인가의 차이라고 합니다. 명사는 각각의 사물, 개체가 중요함을 의미하고, 동사는 관계가 중요함을 의미합니다. 서양 언어는 수와 성이 발달하였는데 이는 명사 중심의 사고를 하고 있음을 나타냅니다. 어떤 물건이나 사람이 하나인지 여럿인지가 중요한 것입니다. 그리고 그 명사가 남성인지, 여성인지가 관심사였고, 중요했던 것입니다. 영어에서는 명사가 복수인지 아닌지에 따라 동사의 모양이 달라지기도 합니다. 명사가 중요한 것입니다.

하지만 동양 언어에는 일반적으로 수와 성이 발달하지 않았습니다. '사탕을 먹었다'와 '사탕들을 먹었다'의 의미 차이나 사용 환경을 생각해 보면 우리말에 수가 얼마나 부정확한 것인지 알 수 있습니다. 아니 부정확한 것이라기보다는 관심이 적었다는 것을 알 수 있습니다. 사실 우리에게 사탕 몇 개를 먹었는가 하는 것은 그다지 중요하지 않습니다. 만약 몇 개를 먹었는지 궁금해지면 물어보면 되는 것이고, 그 때 대답하면 그만인 것입니다. 한국어나 일본어의 경우에 동사의 활용이 복잡하게 발달하였는데, 동사의 모양 바꿈은 동사를 얼마나 중요시 하는가를 보여줍니다. '가다'의 경우에 '간다, 갔다, 가겠다, 가시다, 가자, 가라, 갈까, 가지, 가세, 가렴' 등으로 모양을 바꿉니다. 또한 상대에 따라 '가라, 가게, 가오, 가십시오, 가, 가요'와 같이 달라집니다. 한국말은 동사가 중요하기 때문에 '한국말은 끝까지 들어봐야 안다'라는 우스갯소리도 있는 것입니다.

한국어에서는 동사만으로도 문장 속에 담겨 있는 대부분의 관계를 표현할 수 있습니다. 예를 들어 '드시다'라는 말을 보면 주어가 높임의 대상인지 아닌지 알 수 있습니다.

또 '여쭙다'라고 하면 목적어가 높임의 대상인지도 알 수 있습니다. 우리말에서는 동사를 보면 주어나 목적어와의 관계를 알 수 있는 경우가 많습니다. 이렇듯 동양 언어에서 동사는 관계를 보여주고 있는 것입니다. '많이 드셨습니까?'와 '말씀 좀 여쭙겠습니다'와 같은 표현에서처럼 동사만으로도 관계를 알 수 있기 때문에 주어의 생략이 비교적 자유로운 것입니다.

전에 스토니부룩의 박성배 선생님과 이야기를 나눌 때, 동서양의 종교적인 차이는 언어에서 비롯된 것이 많다는 말씀이 있으셨습니다. 언어의 중요성은 알고 있었지만 그렇다고 언어가 종교에까지 영향을 미친다는 말은 쉽게 이해가 가지 않았습니다. 그런데 명사와 동사 중 어떤 품사에 중심을 두느냐에 따라 사고가 달라지는 것을 보면서 종교의 문제까지 생각해 보게 되었습니다. 명사에 중심을 두는 생각은 유일신의 개념과 닮아 있습니다. 무언가 있고, 누군가가 우리를 창조했다는 생각이 자연스러운 것입니다. 하지만 동사를 중심에 두는 생각은 관계에 주목하므로 유일신의 개념보다는 자연과 인간의 관계에 주목하게 되고, 모든 것의 가치를 인정하는 것에 관심을 갖게 되는 것입니다. 명사에 관심을 가지면 존재에 관심을 갖게 되는 것 같습니다. '있다,

없다'나 정확한 분석이 관심사가 됩니다. 하지만 동사에 관심을 가지면 '변화'에 관심을 갖게 되는 것 같습니다. 어떻게 달라졌는가가 관심사이고 늘 변화함에 주목하게 되는 것입니다.

명사와 동사는 품사들입니다. 하지만 달리 생각해 보면 품사들은 세상을 보는 틀이기도 합니다. 어떤 품사를 많이 쓰고, 어떤 품사를 중요하게 생각하는가에 따라 세상을 바라보는 시각이 전혀 다를 수 있는 것입니다. 나는 어떤 품사를 더 많이 쓸까? 정말 동사를 많이 쓸까? 한인 2세 아이들은 어떠할까? 품사를 사용하는 양상도 우리에게 궁금증을 안겨줍니다.

형용사(形容詞)의 발달

세상의 변화를 보여주는 말

흔히 한국어는 형용사가 발달하였다고 합니다. 하지만 형용사가 발달했다는 것이 어떤 의미인지에 대해서는 설명해주는 사람도 없고, 설명을 원하는 사람도 없는 것 같습니다. 단순한 현상으로 받아들이는 것입니다. 하지만 제 생각에 한국어에서 형용사가 발달했다는 것은 엄청난 의미가 있습니다. 형용사는 한국인이 세상을 바라보는 태도와 관점을 나타내는 중요한 요소이기 때문입니다.

한국어에서 형용사가 발달하였다는 것은 사람과 사물에 대한 표현력이 발달하였음을 의미합니다. 또한 작은 차이에 주목하였다는 의미도 되고, 끊임없이 변화하는 것에 주목하였음을 의미하는 것이기도 합니다. 늘 같은 것은 없습니다. 한국어의 형용사 발달은 모두 같은 것은 없다는 한국인의 생각이 반영된 것 같습니다. 내 감정의 상태에 따라 세상의 모습은 나에게 다르게 비추어집니다. 이렇게 다르게 비추어진 모습들을 각각의 언어로 달리 표현하고 있는 것입니다. 따라서 형용사는 내 감정을 충실히 반영하고 있는 언어라고 할 수 있습니다. 색깔을 표현하는 것을 볼까요? 노랗고, 누렇고, 샛노랗고, 싯누렇고, 노르스름하기도 하고, 누리끼리하기도 합니다. 노릇노릇하게 구워내는 느낌을 어떻게 설명할 수 있을까요?

  에스키모어에는 눈에 해당하는 단어가 많습니다. 눈이 많고, 눈으로 하는 일이 많으니 자연스레 단어들이 발달하게 되었을 것입니다. 내리는 눈이나 쌓인 눈이나 이글루를 지을 때 쓰는 눈이나 명칭이 다 다릅니다. 농경민족이었던 우리의 경우도 비슷한 예를 쌀에서 찾아볼 수 있다. 우리는 모를 심고, 벼를 베고, 쌀로 밥을 짓습니다. 다른 언어에서 '모, 벼, 쌀, 밥'처럼 쌀이라는 단어가 다양하게 나타나는 경우가 많지 않습니다. 낟알이나, 뫼, 메(제사 지낼 때 밥) 등의 예까지 살펴보면 더 다양합니다. 사계절이 있다는 점도 한국어의 형용사 발달에 도움이 되었을 것입니다. 사계절의 변화가 그때그때 바뀌는 자연의 표정들을 담을 수 있는 표현들을 자연스레 발달하게 했을 것입니다. 금강산의 이름이 계절마다 바뀌는 것도 특이한 예가 아닌가요? 한국인은 변화에 민감하였고, 한국어에는 그러한 태도들이 반영되어 있습니다.

형용사는 자신의 느낌을 표현하는 말이기도 합니다. 형용사가 발달했다는 것은 자신의 감정에 충실하다는 의미도 됩니다. 자신의 감정이 어떤 모습인지를 들여다보는 연습이 이루어지고 있는 것입니다. 사물을 보면서, 사람을 보면서 현재 나의 감정을 어떻게 표현할 수 있을 것인가 곰곰 생각해 본다는 것은 즐거운 일입니다. 지난주에 성균관대에 초빙교수로 계시는 전헌 선생님을 뵈었는데, 퇴계 선생은 인간의 행복과 우주를 이해하는 열쇠가 감정의 자기 이해라고 하였다는 말씀을 들려 주셨습니다. 인간의 감정이 얼마나 중요한 것인지를 보여주는 통찰력이라 할 수 있습니다. 저는 퇴계 선생의 말씀에서 우리말 형용사를 떠올렸습니다. 한국어에 감정을 나타내는 형용사가 발달한 것이 우연일까 하는 생각을 해 봅니다. 우리는 품사를 단순히 문법적인 한 요소처럼 보고 있지만, 한국어에서 형용사의 발달은 세상을 바라보는 우리의 모습을 이해하게 합니다.

외국인들이나 재외동포 학생들은 형용사의 변화무쌍한 모습에 겁을 내게 됩니다. 저렇게 세밀하게 변화하는 어휘의 모습을 보면서 힘들어 하기도 합니다. 하지만 언어를 배우는 것이 단순히 의사소통을 위한 것만은 아니라는 생각을 할 필요가 있습니다. 언어를 배우는 것은 새로운 세계를 만나는 것입니다. 한국어를 제2언어로 배우면서 한국인이 뿌리 깊게 갖고 있는 세상을 보는 눈을 이해할 수 있게 되는 것입니다. 어떤 것은 구체적인 경험으로 알 수 있을 것이며, 어떤 부분은 자신도 모르는 사이에 자신의 부분이 되어 있을 것입니다.

형용사가 발달하였다는 것이 한국어를 배우는 데는 분명 어려운 요인이 될 수 있을 것입니다. 하지만 한 언어의 학습이 새로운 세계를 만나는 것이라면 형용사는 새로운 세계를 화려하게 치장해 주는 것이 됩니다. 그동안 보지 못했던 세상의 변화를 우리말의 형용사를 통하여 느껴 보기 바랍니다.

무엇의 대명사(代名詞)

무엇을 대신하거나 대표하는 말

    우리말은 대명사가 발달하지 않은 언어입니다. 특히 사람을 가리키는 인칭 대명사는 거의 발달하지 않았습니다. 우리말에서는 어른을 대명사로 바꾸어 부르는 경우가 거의 없습니다. 어른을 대상으로 사용하는 대명사는 '당신' 정도일 것입니다. '너'를 높여 부르는 2인칭 대명사가 아니라 '그, 그녀'를 높여 부르는 3인칭 대명사일 경우에 사용하는 표현인데, 점점 사용이 줄어가고 있습니다. 아버지나 어머니, 스승님을 떠올리며 이야기할 때 '당신께서 자주 하시던 말씀'이라든지, '당신께서 좋아하시던 노래'라고 표현하는데, 여기에는 그리움이 묻어있기도 합니다.

    외국인이 한국어를 배울 때 가장 많이 실수하는 부분도 대명사입니다. '그녀가 어머니입니까?'라는 표현을 생각해 보면 대명사의 사용이 얼마나 어색한 일인지 알 수 있을 것입니다. 가능하면 대명사를 사용하지 말라고 가르치는 것이 실수를 줄이는 방법이 되기도 합니다. '어머니께서는 문 앞에서 나를 기다리고 계셨다. 그녀는 하얀 원피스를 입고 계셨다'라는 번역은 얼마나 이상한가요? 영어에서는 자연스럽게 'She'를 사용할 자리이지만 '그녀'로 번역하면 큰일 나는 경우도 많습니다.

실제로 '그, 그녀'라는 대명사는 '구한말, 개화기(개화기라는 표현도 개인적으로는 마음에 안 듭니다. 꼭 그전에 우리가 미개한 민족이었다는 느낌을 주기 때문입니다.)' 정도에 생긴 표현들입니다. '그녀'라는 표현은 지금도 여전히 이상한 경우가 많습니다. 특히 '그녀는'의 발음이 '그 년은'의 발음과 같아서 아주 상스러운 느낌을 주기도 합니다. 일부러 비꼬거나 오해를 만들기 위해서 '그녀는'이라는 표현을 쓸 정도입니다. 그와 그녀는 일본어의 영향을 강하게 받은 것으로 판단됩니다. 소나기를 쓰신 황순원 선생께서는 '그녀'라는 표현 대신 '그네'라는 표현을 쓰시기도 하였습니다. '-네'가 '여인네'나 '아낙네' 등에 쓰이는 인칭 접미사이기에 응용이 가능하였을 것입니다. 물론 '그네'가 '그녀'와 같은 의미라고 보기는 어려운 점도 많습니다. '그네'는 왠지 연인을 가리키는 것처럼 느껴지기도 합니다.

　　우리말 표현에서 '대명사'는 '무엇의 대명사'라는 말로 사용되기도 합니다. 최근의 기사를 찾아보니 '청순의 대명사, 정직의 대명사, 청렴의 대명사'라는 표현들이 보입니다. 이 말들은 주로 사람을 나타내는 것입니다. 청아한 여배우에게는 '청순의 대명사'라는 수식어가 붙습니다. 거짓이 없는 법조인에게는 '정직의 대명사'라는 수식어가 붙어 있습니다. 부정부패와 관련이 먼 공무원에게는 '청렴의 대명사'라는 수식어가 붙습니다. 이런 대명사는 모두 아름답고, 자랑스러운 것입니다. '무엇의 대명사'는 사람에게만 붙는 것이 아닙니다. 물건에도 붙는 경우가 있습니다. 예를 들어 '한식당의 대명사, 스포츠카의 대명사, 한복의 대명사'와 같은 표현으로도 쓰일 수가 있습니다. 자신이 만든 물건이 무엇의 대명사가 되는 것은 기쁜 일입니다.

　　하지만 '무엇의 대명사'는 나쁜 일에도 사용됩니다. '폭군의 대명사, 부정부패의 대명사, 불친절의 대명사, 잦은 고장의 대명사'로도 쓰일 수 있는 것입니다. 즉, 대명사는 어떤 단어를 떠올리면 동시에 생각이 나는 사람이나 물건을 의미하는 것입니다. 오늘 아침 나는 무엇의 대명사인가를 생각해 봅니다. '게으름의 대명사, 늦잠의 대명사, 폭음의 대명사' 같은 표현들 말고, '좋은 아빠의 대명사, 좋은 선생님의 대명사'와 같은 수식어가 붙기 바랍니다. 물론 이런 수식어는 내가 부르는 것이 아니라 주변 사람들이 붙이는 것이라는 생각도 하면서.

해님과 달님

자연과 가까워지려는 마음

우리나라의 시간관념은 모두 자연과 관련됩니다. 그 중에서도 대부분 천체와 관련됩니다. 1년을 '해'라고 하고, 1개월을 '달'이라고 합니다. 하루를 뜻하는 '날[日]'도 해의 의미입니다. 날이 밝았다고 하고, 날이 샜다는 표현도 합니다. 날이 저물었다는 표현도 해가 졌다는 의미가 되는 것입니다. '날'과 관련이 있는 시간인 '낮'도 해와 관련이 됩니다. 옛말에는 저녁을 뜻하는 '나조[夕]'라는 말도 있었습니다. '나조'도 해와 관련이 됩니다. 우리는 해와 달의 움직임에 따라 시간의 흐름을 알았던 것입니다. 한 달은 달의 모습이 바뀜에 따라 초승달과 그믐달로 나누어집니다. 15일을 나타내는 '보름'이라는 시간 단위는 다른 언어에는 거의 나타나지 않습니다. 보름도 달과 관련이 있는 단어로 보입니다. 달이 가득 찬 '보름'을 우리는 넉넉하게 바라보았습니다. 모든 우리의 소망을 다 들어줄 것 같은 마음이 생겼던 것입니다. 정월 대보름이나, 추석날이 음력 보름인 것은 우리 민족의 달 사랑을 보여줍니다.

우리말에서 자연은 존중의 대상이었습니다. '해님, 달님, 별님, 하느님'은 우리가 하늘을 바라보는 태도를 보여줍니다. 자연에 존칭을 나타내는 접미사 '-님'을 붙인 것입니다. '-님'을 붙여서 이야기하면 더 친근한 느낌이 듭니다. 또한 우리는 비나 눈이 내리는 것도 사람의 행위처럼 주체가 있는 것으로 보았습니다. 그래서 '비가 온다'고 표현하고, 이를 존중하는 표현 '비가 오신다'를 사용하기도 하였던 것입니다. 많은 언어에서 '비가 온다'는 표현을 하지 않습니다. 단순히 비가 내린다는 표현만 있는 언어도 많습니다. 한자어에서는 '비가 온다(來雨)라는 표현은 쓰지 않습니다. 물론 비를 존대하는 언어는 거의 없습니다.

'하느님 맙소사'라는 표현에서는 하늘에 대한 두려움을 볼 수 있습니다. 하늘의 행위를 두려워하며, 우리를 벌하지 말기를 비는 것입니다. 또한 병 중에 천연두는 두려운 마음에 '마마'라고 극존칭으로 표현하기도 하였습니다. 천연두를 '손님'이라고 하기도 하는데, 이것은 두려움과 친근함이 동시에 표현된 것이라고 할 수 있습니다. 우리는 호랑이를 산신으로 생각하기도 하였습니다. 산신도를 보면 늘 호랑이가 등장합니다. 하지만 호랑이 그림이 민화에서 매우 귀여운 모습으로 친근하게 표현되기도 하는 것으로 봐서는 두려운 존재만은 아닌 듯합니다.

    자연을 두려워해서는 두려움을 이겨낼 수 없다는 생각이 있었던 것입니다. 자연과는 친근해져야 한다는 조상들의 생각이 담겨 있는 것입니다.

한 세 시쯤

상황을 고려한 시간

예전에 우리가 자주 듣던 말 중에 코리안 타임(Korean Time)이라는 게 있었습니다. 'Korea'라는 우리나라 국명이 포함된 영어 표현이 고작 시간을 잘 안 지키는 사람을 나타내는 것이라니 자존심도 상하는 일이었습니다. 하지만 생각해 보면 그 당시 한국 사람들이 시간을 잘 안 지키는 것도 사실이었던 것 같습니다.

그런데 곰곰이 생각해 보니 시간을 안 지키는 데도 이유가 있지 않을까 하는 의문이 들었습니다. 사실 시간에 대한 관념은 나라마다 다르고, 엄밀하게 말해서는 개인마다도 다른 것입니다. 하루 24시간을 똑같이 느끼면서 보내는 것은 아닙니다. 객관적으로 돌아가는 시계바늘이야 정해진 시간의 궤도를 돌고 있겠지만 인간의 시간은 상대적으로 흐릅니다.

민족이나 국가, 문화나 언어권에 따라 시간의 개념은 전혀 달라집니다. 한국어의 표현을 보면 우리는 정확한 시간에 대해 거부감이 있었던 듯합니다. 이것은 아마도 맥락에 의존하는 사회임이 원인이 될 것입니다. 우리는 판단을 할 때, 상황에 의존하는 경우가 많습니다.

우리말의 표현을 보면 주어가 생략되어 나타나는 경우가 많은데, 생략이 많다는 것은 그만큼 맥락에 의존하고 있음을 보여줍니다. 상황을 모르면 그 내용을 이해할 수 없습니다. 어떤 경우에는 지금의 상황뿐만 아니라 과거의 상황들까지도 이해하고 있어야 합니다. 그리고 주변의 상황들도 이해하고 있어야 합니다. 그래야 이른바 '말이 통한다'고 할 수 있습니다. 말이 통한다는 말은 단순히 그 내용을 이해했다는 의미가 아니라, 그 상황을 다 이해하고 그 사람의 처지를 다 이해했다는 의미가 되는 것입니다. 우리는 반복해서 비슷한 질문을 하는 사람에게 '말귀를 못 알아듣는다'라고 이야기하기도 합니다. 맥락을 파악하지 못해서 생기는 현상들입니다.

한국인들은 시간 약속을 할 때 '세 시쯤'과 같이 부정확한 표현을 즐겨합니다. '세 시' 또는 '세 시 정각'이라는 표현에서는 답답함을 느낍니다. 어떤 경우에는 '한 세 시 쯤'

이라는 표현을 쓰기도 합니다. '한'과 '쯤'이 모두 부정확한 시간을 나타내고 있는 것입니다. 약속을 세 시에 하였다고 하더라도 어떤 상황이 생기면 늦거나 혹은 일찍 도착할 수도 있다는 생각이 기저에 있는 것입니다. 어떤 경우에는 아예 시간도 이야기하지 않습니다. 그냥 '내일 한번 들를게!'와 같이 표현하기도 합니다. 시간이 되면, 내일 가겠다는 의미입니다. 언제 시간이 될지 정확히 모르니 정확한 시간을 이야기할 수 없는 것입니다. 이러한 표현은 '말 하는 이'나 '듣는 이' 모두 상황에 대한 이해가 전제가 되는 것입니다. 한국 사람끼리는 부정확한 시간의 관념이 문제가 되지 않았습니다. 오히려 지나치게 정확한 시간을 요구하는 행위가 부담스러웠을 것입니다.

    이런 모습들이 저맥락(低脈絡) 사회에서 생활하는 서양인들에게는 매우 시간관념이 부족한 사람들로 비치었을 것입니다. 한국 사람을 약속을 안 지키는 사람으로 쉽게 낙인찍게 하였을 것입니다. 하지만 시간에 대한 인식도 문화이므로, 한국인의 시간에는 한국인의 문화가 담겨 있는 것입니다.

    한국 사회도 급속한 경제 발전 속에서 저맥락 사회로 바뀌어 가고 있습니다. 상황으로만 판단하였다가는 실수하기 십상입니다. 그래서 우리는 몇 번이고 확인하려 하고, 자꾸 묻게 됩니다. 시간 약속을 정할 때도 이제는 '세 시' 정도가 아니라 '세 시 십오 분'이라고 이야기합니다. 분 단위의 약속이 생기고 있는 것입니다. 이런 사회를 살면서 시간을 안 지키는 것은 신뢰를 잃는 일이 되고, 그러한 행위는 무능력한 인물로 평가받는 이유가 됩니다. 한국인의 시간관념도 세월 따라 계속 변화하고 있는 것입니다.

토를 달다

덧붙이는 말

'토'는 '조사'의 의미로 쓰이는 말입니다. 북한에서나 일부 학자들은 '조사'와 '어미'를 모두 '토'라고 부르기도 합니다. 중심적인 의미가 아니라 부차적인 의미를 더한다는 생각으로 쓰는 용어입니다. 이 '토'라는 단어는 만들어 낸 말이 아니라, '토를 달다'에서처럼 원래 쓰이고 있었던 말에서 가져온 것입니다. 한문 어구를 읽을 때 해석의 편이를 위해서 한글로 토를 달아 놓기도 합니다. 그런데 우리말 표현들을 살펴보면 토는 그다지 긍정적인 느낌은 아닙니다. 왜 그럴까요?

우리말에서는 조사를 쓰는 것이 안 쓰는 것보다 오히려 어색한 경우가 많습니다. 특히 글로 쓸 때보다 말로 할 때는 조사가 들어가는 것이 이상하게 느껴지는 경우가 많습니다. 우리는 조사가 생략되었다는 표현을 많이 쓰는데, 생각해 보면 생략이 아니라 필요할 때마다 첨가한다고 하는 것이 오히려 맞는 것 같습니다. 대부분 조사가 없어도 그 말이 쓰인 상황을 보면 의미 파악이 가능하기 때문입니다. 예를 들어서 '너 밥 먹었니?'라고 할 때, '너는 밥을 먹었니?'라고 표현하는 것이 원래의 문장이라고 보기는 어려울 것입니다. 무엇인가 뜻을 더욱 확실히 하고 싶을 때, 조사를 덧붙인다고 볼 수 있는 것입니다. '토씨 하나 틀리지 않았다'는 표현을 보면 '토'가 정확함을 나타내는 도구임도 분명하게 알 수 있습니다. 보통 때는 상황에 맞게 토씨를 쓰지 않지만, 정확히 무언가를 전달하거나 확인해야 하는 경우에는 토씨를 써야 하는 것입니다.

우리말에서 '토를 달다'라는 표현을 하는데 이 말은 자꾸 필요 없는 말을 한다는 뜻입니다. 변명을 하거나 핑계거리를 말할 때도 사용하는 표현입니다. 다른 사람의 생각에 대해서 부정적인 입장으로 끼어들 때도 씁니다. 우리 생각에는 근본적으로 필요하지 않은 표현이 '토'인 것입니다. 토가 없어도 서로의 상황을 이해하면 이해할 수 있다고 본 것입니다. 그러한 의미에서 '조사'를 '토'라고 이름 붙인 것은 흥미로운 일입니다. 사람들이 '할 수 있지만 전제조건으로 무엇이 마련되어야 한다'든지, '할 수 있었는데 무엇 때문에 안 되었다'든지 하는 말들을 하는 것은 모두 토를 다는 것입니다. 또 누군가가 하는 말에 어려울 것 같다든지, 그럴 리가 없다든지 하며 초를 치는 것도 다 토를 다는 것에 해당합니다. 물론 정당한 비판이나, 분석을 두고 토를 단다고 하지는 않습니다.

한국어가 어렵다고 이야기하는 사람들은 한국어에 '조사'가 발달했기 때문이라고 말합니다. 조사와 비슷한 것이 없는 언어를 사용하는 사람들이 한국어의 조사를 구별하여 사용하는 것은 쉬운 일은 아닐 것입니다. 하지만 한국어에서, 특히 말을 할 때는 조사의 사용이 때로는 불필요한 것이라는 점을 알면 한국어 학습의 부담이 적어집니다. 한국어를 잘 하는 외국인이 말하는 것을 가만히 들어보면 조사의 사용이 참 적습니다. 조사를 적게 쓰는 것이 자연스러운 경우가 많기 때문입니다. 일반적인 대화에서는 조사의 사용을 줄이고, 논리적인 글쓰기에서는 조사의 사용을 늘린다면 한국어를 제대로 사용하는 것이 됩니다.

저는 '토를 달다'라는 표현을 보면서 우리말이 얼마나 상황 중심적인가에 대해서 새삼 놀라게 됩니다. 필요한 표현들을 상황에 맞게 이야기하면 되는 것입니다. 우리말로 이야기할 때는 대화 속에서 푹 빠져 있어야 합니다. 딴 생각을 하다보면 이야기의 맥락을 놓치게 됩니다. 그러다 보면 나도 모르게 토를 다는 사람이 될 수 있습니다.

반말

짧게 하는 말

반말은 존댓말의 반대말입니다. 상대방을 높이지 않고 하는 말입니다. 그런데 반말에서 '반'의 한자가 절반을 나타내는 '半'인 것은 흥미롭습니다. 사람들이 이야기를 할 때, 존댓말을 하지 않고 반말을 하는 사람들에게 '왜 이렇게 말이 짧아?'라고 하는데, 반말은 이렇게 말이 반으로 짧아졌다는 의미가 되는 것입니다. 아마도 역사적으로 보면 존대를 하면서 말이 점점 길어진 것이 맞을 것입니다. 어린아이의 경우에 말이 짧은데, 크면서 길어지는 것을 볼 수 있습니다. 어른들에게도 처음에는 반말로 하다가 나이가 들면서, 교육을 받으면서 온[全] 말을 하게 됩니다.

아이들에게 말을 가르칠 때, 존댓말을 가르쳐야 할지, 반말을 가르쳐야 할지 고민이 됩니다. 참고로 제 두 아들은 저에게 모두 존댓말을 합니다. 큰 아이와 둘째 모두 아주 어렸을 때 말고는 반말을 한 적이 없습니다. 아이들과 밖에 나가보면 주변 사람들이 아이들을 잘 키웠다고 칭찬도 하고, 아이들이 존댓말을 예쁘게 한다고 놀라기도 합니다. 저 역시 아이들이 존댓말을 하도록 키운 것에 대해서 기쁘게 생각했습니다.

그런데 어느 날 아버지께서 손자들이 너무 존댓말을 쓰는 것이 오히려 살가워 보이지 않는다고 하시는 말씀을 듣고 존댓말에 대해서 다시 생각해 보게 되었습니다. 어린아이들은 그야말로 아이니까 엄마, 아빠, 할머니, 할아버지께 응석도 부리고 싶을 때가 아닐까요? 동네 사람이나 학교 선생님께 반말로 하는 것은 문제가 되겠지만, 가족에게 존댓말을 안 쓰는 것이 문제가 될까 하는 생각도 들었습니다.

존댓말은 기본적으로 사회적 관계에서 문제가 되는 것입니다. 사회적 관계에 있는 사람이라도 가까워지면 반말을 쓰기도 합니다. 사실 반말이 꼭 낮추는 말은 아닙니다. 상대방을 낮추는 반말도 있지만, 상대방과 격식을 두지 않는 말도 있습니다. 예를 들어 '빨리 와!'는 격식을 차리지 않은 표현(두루낮춤)이지만, '빨리 와라!'는 반말(아주낮춤)이 됩니다. 엄마에게 '빨리 와!'라고 할 수는 있지만, '빨리 와라!'라고는 할 수 없지 않은가요?

어느 정도의 나이가 되면 아이들도 자연스레 부모님께 존댓말을 쓰게 될 것입니다. 특히 결혼을 하게 되면 부모와 자신의 관계뿐만 아니라 다양한 관계가 형성됩니다. 부모 자식 간의 관계도 개인적인 관계에서 사회적인 관계로 확대되는 것입니다. 부모와 어린 자녀 사이의 대화에서는 어쩐지 존대를 하지 않아도 될 것 같다는 생각이 듭니다. 부모님께는 꼭 존댓말을 해야 한다고 아이들에게 가르쳐야 할까? 자연스러운 것은 무엇인가 생각해 봅니다. 존댓말을 쓰지 않는 것이 상대편을 얕보는 것이 아니라는 것을 기억해야 할 것 같습니다.

말버릇

내 무의식을 보여주는 것

자신의 말버릇을 자세히 들여다볼 기회가 있는 사람들은 많지 않을 것입니다. 아나운서나 배우가 되기를 희망하는 사람들을 제외하고는 자신이 말한 것을 모니터해 보는 경우는 별로 없습니다. 저는 예전에 '화법'이라는 과목을 몇 년 간 강의한 적이 있었습니다. 그 때 학생들의 발표를 녹화하여 보면서 여러 가지 사람들의 말버릇 또는 말할 때의 버릇을 살펴 볼 수 있었습니다.

사람들이 말하는 모습을 보면 다양하면서도 재미있는 버릇들이 나타납니다. 일반적으로는 긴장하면 손이나 발을 떠는 경우들이 많습니다. 또 사람들은 공통적으로 긴장하면 말이 빨라집니다. 따라서 긴장할수록 말을 천천히 하는 것이 말을 잘하는 비결 중 하나입니다. 긴장하여 말하는 사람들은 시선을 자연스레 옮기지도 못합니다. 그저 앞만 바라보고 이야기하곤 합니다. 긴장을 하면 자꾸 코를 만지는 사람들도 있습니다. 그 이유로 긴장을 하면 피가 코끝으로 모여서 간지러워진다는 의견도 있고, 입을 가리고 싶은 욕망에서 비롯되었다는 의견도 있습니다. 아무튼 긴장하였음을 나타내는 행동임에는 틀림이 없습니다. 말할 때 긴장이 안 될 수는 없겠으나 자신이 긴장하였다는 것을 굳이 남에게 알릴 필요도 없는 것입니다. 긴장했음을 나타내는 여러 버릇들은 고칠 필요가 있습니다.

말버릇으로는 '저, 그니까, 그게, 음, 뭐지?' 등과 같이 더듬는 말을 자주 하는 경우가 나타납니다. 더듬는 말은 자신이 생각을 잘 정리하지 못했다는 느낌을 주게 됩니다. 의도적으로 더듬는 말을 빼는 연습을 하는 것도 화법에 도움이 됩니다. 어떤 사람은 계속 손으로 머리를 넘기기도 합니다. 입으로 바람을 불어서 머리카락을 넘기는 경우도 나타납니다. 어린아이들은 머리를 긁적이며 이야기하는 경우들도 많습니다. 이런 버릇들은 왠지 산만하다는 느낌을 주어, 집중을 방해하는 요소가 됩니다. 가급적 줄이거나 없애야 하는 버릇들입니다.

저는 10여 년 전부터 인터넷을 통해서 강의를 하고 있습니다. 비교적 다른 이들보다 이른 시기에 온라인으로 강의를 하고 있는 것입니다. 저는 제 강의하는 모습이 궁금해서 촬영된 강의 모습을 방문을 닫고 혼자 보기도 합니다. 제가 저의 강의 모습을 보는 것을 아내나 아이들은 무척 이상하게 생각하기 때문입니다. 사실은 저도 어색한 것은 마찬가지입니다.

가만히 저의 강의 모습을 모니터해 보면 여러 가지 버릇이 나타납니다. 특히 '사실은, 실제로, 정말, 진짜, 솔직히, 거짓말이 아니라, 참말로, 참으로'와 같이 자신의 말이 거짓이 아님을 강조하는 표현을 자주 쓰고 있는 나를 발견하게 됩니다(앞의 문장에도 '사실은'을 썼습니다.). 왜 그럴까요? 그것은 아마도 제가 진실한 사람임을 보여주려는 태도에서 비롯되었을 것입니다. 하지만 일면 내 속에 거짓이 많음을 반증해 주는 언어 표현들이 아닐까 하는 반성이 생겼습니다. 그 동안 내가 했던 말들은 진실이 아니란 말인가요? 왜 자꾸 나를 진실하다고 변명하려 하는 것일까요?

나도 모르는 사이에 하는 행동들에는 내 무의식의 세계가 담겨 있습니다. 내가 긴장했음을 보여주기도 하고, 내 속마음들을 보여주기도 합니다. 남보다 우월한 척, 정직한 척, 깨끗한 척 보이려는 다양한 버릇들이 담겨 있습니다. 제 진심을 더 잘 전달할 수 있는 방법들을 생각해 봐야겠습니다.

'어서'와 '니까'

삶을 보여주는 문법

한국어를 가르치는 것을 참 쉽게 생각하는 사람들이 많습니다. 한국어를 할 줄 알면 가르칠 수 있는 것이 아니냐고 천연덕스럽게 이야기를 하기도 합니다. 실제로 그런 사람들이 한국어를 가르치는 경우도 많습니다. 자신이 부족하다는 것을 알고 늘 반성하고 늘 노력하면서 가르친다면 문제는 달라지겠지만, 그렇지 않고 단순히 한국인이라는 이유로 한국어를 가르친다면 참 문제입니다.

한국어를 가르치는 사람들에게 자주 묻는 질문 중에 '-어서'와 '-니까'의 차이를 설명하라는 문제가 있습니다. 둘 다 앞에 원인이 나오고, 뒤에 결과가 나온다는 공통점이 있습니다. 그렇다면 차이점은 무엇일까요? 그리고 이를 어떻게 설명할 수 있을까요? 외국인에게 원인과 결과를 나타내는 영어 문장을 한국어로 번역하라고 하면 아마도 무수한 오류가 나타나게 될 것입니다.

'-어서'와 '-니까'는 둘 다 원인을 나타내는 연결어미입니다. 한국어를 외국어로 배우는 학생들이 가장 많이 틀리는 문법 중의 하나이기도 합니다. '비가 오니까 집에 들어가세요'라고 해야 하는 문장을 '비가 와서 집에 들어가세요'와 같이 표현하는 것입니다. 왜냐하면 '비가 오니까 추워요'와 '비가 와서 추워요'의 경우에 큰 의미 차이가 없기 때문에 이를 응용하여 확대 적용하는 문제가 발생하는 것입니다.

'-어서'와 '-니까'의 가장 큰 차이점은 '명령'에 쓰일 수 있는가의 차이에 있습니다. 즉, '-어서'의 경우에는 명령문이나 청유문에는 쓰일 수 없습니다. 청유문도 넓은 의미에서는 명령문이라고 볼 수 있습니다. 영어의 'Let us'와 같은 청유문은 나의 행동도 포함하고 있는 명령입니다. '같이 갑시다'라는 말은 상대방의 행동과 내 행동을 같이 요구하고 있는 것입니다. 그래서 명령에는 '-어서'를 쓰지 말라고 가르쳐 주는 것이 일단 한 방법이 됩니다. 물론 세밀하게 들어가면 더 많은 차이가 나타나게 됩니다. 한국어를 가르치는 것은 쉬운 일이 아닙니다. 전문성이 필요한 것입니다.

제가 '-어서'와 '-니까'에 관심을 갖게 된 것은 '졸려서 사람을 죽였다', '피곤해서 사람을 죽였다', '바빠서 사람을 죽였다'와 같은 문장들 때문입니다. 말도 안 되는 문장이라고 생각될 것입니다. 어떻게 사람을 '졸리고, 피곤하고, 바빠서' 죽인다는 것이 가능한 이야기인가요? 그런데 실제로 이런 말을 하는 경우를 보게 되었습니다. 그것은 바로 교통사고로 사람을 죽이게 된 사람들의 말들이었던 것입니다. 사고를 낸 사람들에게 그 이유를 물었더니 나온 대답들 속에는 모두 '-어서'가 포함되어 있었습니다. 차를 운전하면서 깜빡 졸았기 때문에 사고를 내고, 피곤해서 사고를 낸 것입니다. 어떤 경우에는 술을 마셔서 사람을 죽이기도 합니다. 교통사고가 아니라면 일어나기 어려운 사건들일 것입니다. 누가 졸려서 사람을 죽일까요?

저는 '-어서'가 들어가 있는 문장들을 '-니까'로 바꾼다면 저런 안타까운 사고들을 막을 수 있을 것이라는 생각이 들었습니다. 예를 들어 '졸리니까 좀 쉬었다 운전하세요!', '피곤하니까 운전을 하지 마세요', '술을 마셨으니까 절대로 차를 가져가지 마세요!'처럼 '-니까'가 포함된 문장으로 바꿀 필요가 있다는 생각이 듭니다. '-니까'는 우리가 해야 하는 행동, 하지 말아야 하는 행동들을 보여주고 있습니다.

한국어 문법을 가르칠 때 우리는 사람들이 살아가는

여러 모습들을 이야기해 줄 수 있습니다. 문법은 어려운 것이고, 문법은 삶과 떨어져 존재하는 것처럼 생각하지만 사실 문법은 삶 그 자체입니다. 우리가 하는 말이 곧 삶이기 때문입니다. 문법을 가르칠 때도 사람들의 모습을 생각해 보았으면 합니다.

개고기

또 다른 문화의 모습

한국 사람들에게 외국인들이 편견을 갖고 물어보는 것들 중에 가장 우리의 기분을 거스르는 것은 아마도 왜 개고기를 먹느냐는 질문일 것입니다. 이 질문 속에는 우리를 야만인 취급하는 감정이 들어 있고, 이미 찌푸린 얼굴 모습도 보입니다. 문화 상대주의를 설명하는 대상으로도 개 이야기는 빠지지 않습니다. 많은 사람들이 '개를 먹는 다양한 이유'를 여러 가지 근거를 대서 설명하고 있어서, 제가 추가로 무엇을 덧붙일 것은 적겠습니다만, 그래도 언어적인 관점이나 문화적인 관점에서 몇 가지 이야기를 나누고자 합니다. 요즘은 '개'를 식용으로 먹는 사람들이 무척이나 적어졌습니다. 이 글을 읽는 이들 중에도 개고기를 먹어보지 않은 사람이 먹어본 사람들보다 더 많을 겁니다. 그 만큼 개고기는 우리의 생활에서 멀어지고 있습니다. 개는 식용에서 애완용으로 범위를 넓혀가고 있습니다.

개를 애완용이라고 생각하는 외국인들에게 개가 '식용'이라는 말이 끔찍하게 다가오는 것처럼, 우리는 개가 애완용인 게 이상합니다. 우리가 개에 대해서 느꼈던 감정은 우리말 표현을 잠깐만 살펴보아도 금방 알 수 있습니다.

'개판'이라는 말은 아주 질서 없고, 지저분한 광경을 나타내는 말입니다. '개소리'는 완전히 쓸데없는 소리로 '말'이라고 할 수 없을 경우에 쓰는 표현입니다. 그래서 우리는 '어디서 개가 짖나?'라는 말을 하기도 합니다. 그 말은 듣고 싶지 않다는 의미가 됩니다. '개 같다'는 말에는 귀여움이란 찾아볼 수가 없습니다. '개처럼 벌어서 정승처럼 쓴다'라는 말도 '천한 일을 가리지 않고 일한다'는 의미가 됩니다. '개만도 못한 인간'하고는 더욱이 한시라도 같이 있고 싶지 않습니다. '개자식'은 최악의 욕이었습니다. 사실 '개자식'은 자식을 욕하는 것이 아니라 부모를 욕하는 것이니 기분이 나쁠 수밖에 없을 겁니다.

'똥 묻은 개가 겨 묻은 개 나무란다'는 속담은 그 속뜻이 뭐건 간에 두 마리 개가 다 더러운 개인 것은 부인할 수 없을 겁니다. 원래 우리의 개는 깨끗한 것하고는 거리가 멉니다. 주로 '변견(便犬)'들이 많은데, 이를 안방에서 귀엽다고 쓰다듬고 있으려면 상당한 용기가 필요합니다. 다른 가족이나 친구들과는 사이를 끊어야 할 겁니다.

그래서 우리는 안 좋은 것들에는 '개'를 붙입니다. 꿈에 개가 안 나타나도 의미 없는 꿈이면 '개꿈'이라고 합니다. 떡 중에서 모양 없이 만든 떡을 맛에 상관없이 '개떡'이라고 합니다.

우리에게는 가장 흔히 발견할 수 있는 고기가 '개'였을 겁니다. 주변의 음식물 쓰레기를 말끔히 청소해 주는 역할을 다하게 되면, 스스로가 음식이 되어주는 고마운 존재였던 것입니다. 다른 고기들을 먹기 어려운 세상에서 '개장국'은 무척이나 귀한 음식이 되었을 겁니다. 농사를 지어야 하니 '소'를 잡아먹을 수도 없고, 전쟁을 대비해야 하니 '말'을 잡아먹기도 쉽지 않았을 겁니다.

'소고기, 돼지고기, 닭고기'를 실컷 먹으면서, 개고기 먹는 사람을 이해하려니 쉽지 않을 겁니다. '말고기, 양고기, 칠면조'를 맛있게 먹으면서, 애완용으로 기를 수 있는 '개'를 먹는 사람을 이해하는 것은 당연히 어려울 겁니다.

세상이 바뀌어 가고 있습니다. 주변에 애완용으로 '개'를 기르는 친구들도 많아지고, 고기도 여러 다른 고기가 넘쳐나고 있습니다. 점점 개를 먹기가 쉽지 않습니다. 복날에 연례행사 정도로 먹는 것도 점점 줄어들 것입니다. 문화는 흘러가는 것이고, 변화해 가는 것입니다. 우리의 음식 문화도 세계를 만나면서, 경제가 발달해 가면서 조금씩 모습을 바꾸어 갈 것입니다.

정

감정에 충실한 것

정이란 무엇일까요? '정 때문에, 정 주고 사랑 주고, 정 하나로 살아온 세월……' 우리나라 가요에 등장하는 가사들입니다. 모두 '정'이라는 단어가 들어가 있다는 공통점이 있습니다. '정'은 뭐라고 설명하기 어려운 우리 민족의 마음입니다. 그래서 외국어로 번역하기 참 어려운 단어라는 말도 합니다.

오바마 대통령이 이명박 대통령과 만난 자리의 연설에서 이 '정'이라는 단어를 한국어로 다섯 번이나 말하였다 하여 화제가 된 적이 있습니다. 외국 사람들을 만나면 한국은 참 미스터리한 나라라고들 합니다. 그리고 이해가 안 된다고 합니다. 일제의 강점기를 거치고, 분단이 되고, 동족간의 끔찍한 전쟁을 거치고, 독재를 거친 나라가 어떻게 세계

경제와 문화를 주도하는 나라가 되었냐는 것입니다.

생각해 보면 불과 50년 전만 해도 보릿고개를 걱정하고, 불과 40년 전만 해도 강제로 도시락에 보리쌀을 넣으라고 하였던 나라가 아닌가요? 불과 30년 전만 해도 시민들이 군인들의 총에 죽어가던 나라가 아닌가요? 참으로 우리 스스로도 놀랄 일입니다. 우리를 이렇게 일으켜 세운 힘은 무엇일까요?

물론 우리나라가 무에서 유를 창조한 것처럼 말하는 것은 결단코 잘못된 의견이라고 생각합니다. 고구려의 기상이나 신라의 찬란한 문화를 생각해 보세요. 고려의 불교문화, 조선의 유교문화를 생각해 보세요. 당시 세계를 휩쓸고 있던 문화에서 우리가 뒤쳐진 적이 있던가요? 중국이 세상의 중심이라고 이야기하던 때에도 우리는 소중화를 자처했던 나라가 아닌가요? 우리는 무에서 유를 창조한 것이 아닙니다. 잠시 일제의 침략 앞에서 웅크리고 있던 시기가 있었을 뿐입니다.

그럼에도 우리의 발전을 다 설명하기에는 무언가 부족함이 있습니다. 그것을 오바마 대통령이 지적한 것입니다. 그것이 바로 '정'이라고. 하지만 우리도 '정'이 무엇인지 잘 모르고, 때로는 정 때문에 일을 망친 것처럼 이야기하기도 합니다. 정은 무엇이고, 왜 정이 우리를 사람답게 만들었을까요?

저는 '정'은 '감정'에 충실한 것이라고 생각합니다. 내가 내 감정에 비추어 행동하는 것입니다. 부부는 살면서 정이 깊어집니다. 이게 정상입니다. 살면서 정이 떨어지면 이상한 것입니다. 내 감정은 나와 같이 사는 사람을 이해하라고 이야기합니다. '미운 정 고운 정'의 의미를 다시 잘 생각해 보세요. 행여 그 사람이 나를 아프게 하였다고 하더라도, 그를 미워하고 내 감정이 편할 리는 없습니다. 밉지만 그를 생각하는 것이 '정'입니다. 미울 때도 고왔던 때를 잊지 않는 것이 정입니다. 살면서 고운 정만 들 수는 없을 것입니다. 밉기도 곱기도 하지만 나의 남편이요, 아내라는 생각이 정인 것입니다. 정에는 밉다고 때리고, 밉다고 버리는 것은 없습니다. 내 감정이 더 아파지기 때문입니다.

우리의 감정은 다른 사람의 아픔을 돌아보게 합니다. 다른 사람이 힘든데 내가 행복할 수는 없습니다. 옆집에서 굶어죽어 가고 있는데, 내 배가 부르다고 행복한 것은 아닙니다. 그것을 우리의 감정은 잘 말해 주고 있습니다. 서로 나누고, 돕고, 기뻐하는 것이 우리의 정입니다. IMF 위기 때 어려운 사람들을 위해 결혼반지를 파는 우리의 모습을 보세요. 결혼반지가 보통 반지인가요? 다른 나라 사람이 다 그리

할 수 있는 것은 아닙니다. IMF 위기 때 헌혈도 엄청나게 늘었습니다. 정말로 피를 나눈 사이가 되는 것입니다. 참 가슴 저린 정이 아닌가요?

'나'가 아니라 우리를 생각하는 정, 미움도 아픔도 이겨내는 정이 우리 속에서 더 깊어지기 바랍니다. 정 때문에 살맛나는 세상이 되기를 꿈꾸어 봅니다.

절벽(絶壁)

새로운 세상을 만나는 곳

절벽의 경험에 대한 이야기는 박성배 선생님을 뵌 이후에 열 번도 넘게 들은 이야기입니다. 선생님의 독특한(?) 그림, 즉 절벽 끝 나뭇가지에 대롱대롱 매달려 있는 사람의 모습도 여러 번 보아 이제 자연스럽습니다. 절벽 이야기는 다음과 같습니다.

스승은 계속해서 제자에게 동쪽으로 가라 하십니다. 제자는 집을 떠나고, 카르마를 버리고 스승의 말씀을 따라 동쪽으로 떠납니다. 고통을 이겨가면서 마침내 도착한 곳은 천 길 낭떠러지. 스승은 망설이고 있는 제자에게 낭떠러지에서 더 나아가라고 합니다. 제자는 스승의 말씀을 따르기 위해 절벽 끝 나뭇가지로 올라가고, 끝내 겨우 한 손으로 나뭇가지를 잡고 매달립니다. 삶과 죽음의 경계에 있는 제자에게 선생은 그 손마저 놓으라고 합니다.

거기에서 손을 놓는다면 죽음, 그러나 위대한 삶, 깨침으로 거듭나게 됩니다. 불교식으로 이야기한다면 부처가 되는 것이고, 기독교식으로 이야기한다면 구원을 얻는 것입니다. 이러한 상황이 되었을 때 결코 스승에 대한 믿음을 버려서는 안 된다는 것입니다.

이 이야기를 들으면서 저는 베드로의 이야기가 생각났습니다. 물 위를 걸으면서 그가 믿음으로 함께 했을 때는 물에 빠지지 않았지만, 잠깐 의심하였을 때는 물속에 잠기고 맙니다. 믿음의 중요성을 보여주는 것입니다. 내가 제자라면 어떻게 하였을까 하는 생각이 들었습니다. 깨침을 위해서 어디까지 나아갈 수 있을까 하는 생각이 들었습니다.

예수님이나 부처님이나 무함마드나 모두 절벽에서 손을 놓으신 분들일 겁니다. 절벽에서 손을 놓음으로써 더 이상 다른 이의 고통이 남의 고통이 되지 않고, 모두 나의 고통으로 다가오게 될 것입니다. 예수님께서 십자가에 못 박히는 모습은 위대한 죽음, 위대한 삶의 모습, 부활의 모습을 실질적으로 보여줍니다.

백척간두(百尺竿頭)에서 한 발 더 내딛는 강건함으로 정진하여야 함을 잘 보여줍니다. 두려울 것입니다. 앞이 낭떠러지고, 죽음의 세계이니 참으로 흔들리게 될 겁니다. 뒤

돌아서면 내게 너무나도 익숙한 세계가 펼쳐져 있습니다. 어쩌면 절벽 나뭇가지에 매달렸던 경험만으로도 충분히 성인(聖人) 흉내를 내며 살아갈 수 있을 것입니다. 깨치지는 못하였더라도 거기까지 갔으면 깨달은 척해도 다 통할 것입니다. 어쩌면 그 정도 경지에 다다르기도 무척 어려운 일일 수 있습니다. 사실 다른 이들은 현실에서 한 발짝도 떠나지 못하지 않습니까?

허나 이것이 깨침이 아니라는 것은 분명합니다. 죽어야 사는 것입니다. 나를 죽여야 세상과 내가 둘이 아니게 되는 것입니다. 스승이 우리를 절벽으로 떨어뜨림은 내 속에 있는 집착을 산산이 부숴 버리려 함입니다.

나는 아직 절벽 근처에도 가지 못했습니다. 다만 저기 어디쯤 절벽이 있을 거라는 어렴풋한 생각이 있을 뿐입니다. 하지만 나는 진실로 바랍니다. 절벽에서 한 걸음 더 나아갈 순간이 내게 오기를.

덧붙여

한비야 씨가 『그건 사랑이었네』에서 인용한 프랑스의 시 하나는 놀랍게도 기독교적인 시각에서 절벽의 비유를 보여주었습니다.

> 천 길 벼랑 끝 100 미터 전.
> 하나님이 날 밀어내신다. 나를 긴장시키려고 그러시나?
> 10 미터 전. 계속 밀어내신다. 이제 곧 그만 두시겠지.
> 1 미터 전. 더 나아갈 데가 없는데 설마 더 미시진 않을 거야.
> 벼랑 끝. 아니야, 하나님이 날 벼랑 아래로 떨어뜨릴 리가 없어.
> 내가 어떤 노력을 해왔는지 너무나 잘 아실 테니까.
> 그러나 하나님은 벼랑 끝자락에 간신히 서 있는 나를 아래로 밀어내셨다.
> ……
> 그때야 알았다.
> 나에게 날개가 있다는 것을.

꿈

나의 낮 이야기

우리말에서 보면 '꿈'은 미래에 대한 이야기가 아닙니다. 영어에서는 꿈이 미래의 희망이 되기도 하지만 본래 우리말 표현으로는 꿈은 과거의 일일 뿐입니다. 아마 영어의 'dream'을 번역하면서 꿈이 '희망'의 의미도 갖게 된 것으로 보입니다. 우리말에서는 미래는 '꾸는 것'이 아니라 '바라는 것'입니다.

요즘 며칠 동안 이상한 꿈들을 꾸었습니다. 악몽이라고 해야 할지 흉몽이라고 해야 할지 모를 꿈들이었습니다. 때로는 이상한 기운들에 눌려서 헤어나지 못하는 경우도 있었는데, 이런 경우를 '가위에 눌렸다'고 합니다. 스멀거리는 기운들이 마치 연기처럼 방안을 가득 덮고 있는 기분 나쁜 꿈들도 있었습니다. 지옥이 있다면 이런 기분의 연속이 아닐까 하는 생각이 들 정도였습니다. 잠이 드는 것을 죽는 것에 비유하는 경우도 있는데, 좋은 꿈을 꿀 수만 있다면 잠도 행복일 수 있을 것이요, 악몽에 시달린다면 잠은 불행 자체일 수밖에 없을 것입니다.

어떤 날은 꿈속에서 사람들과 싸우고 있는 나를 만난 적도 있습니다. 막 화를 내고, 때리고, 부수는 내 모습이 보였습니다. 평소에 나를 알고 있는 사람이라면 아마 상상하기 어려운 장면이었을 것입니다. 욕도 정말 잘하고, 얼마나 폭력적인지……. 모두 내 무의식의 세계가 꿈속에 드러나 있다는 생각이 들었습니다.

동양식으로 보면 '주사야몽(晝事夜夢)'이라 하여 낮에 있었던 일이 저녁에 꿈으로 나타나는 것일 수도 있습니다. 보통 자기 전에 생각했던 것이 꿈에서 이어지는 경우가 많습니다. 좋은 꿈을 꾸고 싶다면 자기 전에 가능하면 좋은 책을 보거나 좋은 이야기를 나눌 필요도 있습니다. 하지만 우리의 머릿속에는 늘 괴로운 문젯거리들이 맴돌고 있기 때문에 꿈속에는 낮에 풀지 못했던 복잡한 일들이 등장하는 것입니다. 직장의 문제, 가정의 문제 등이 등장하는 경우가 많은데, '이걸 확!'하며 내가 속으로만 생각했던 폭력적인 해결책들이 때때로 꿈속에서는 '실제'가 되어 나타나는 것입니다. 그렇기 때문에 굳이 말하자면 꿈은 완전히 '거짓'은 아닙니다.

저는 꿈에서 깬 후 한참 동안 멍하니 있었습니다. '내 모습이 그렇구나!'하고 바라보고 있었던 것입니다. 겉으로 드러난 내 모습과 속에 품은 내 모습은 많이 다르구나 하는 생각도 했습니다. 꿈은 제게 많은 반성거리를 줍니다. 제 꿈 이야기를 담아서 박성배 선생님께 편지를 보냈습니다. 선생님께 곧바로 답장이 왔습니다. 선생님께서는 요즘 사모님이 편찮으셔서 밤낮으로 병간호를 하고 계십니다. 선생님도 예전에는 밤에 엉뚱한 꿈을 꾸는 경우가 많았다고 하셨습니다. 그건 낮에 엉뚱한 생각을 한 결과라고 이야기하시면서 요즘은 그런 꿈들이 사라졌다고 하셨습니다. 병간호를 하신 이후로는 좋은 꿈만 꾸신다는 말씀도 덧붙이셨습니다.

낮에 어떤 일을 하는지에 따라, 특히 다른 사람을 위해서 어떻게 사느냐에 따라 꿈은 달라집니다. 꿈속에서조차 스스로를 배신하지 않는 삶을 살 수 있게 되는 것입니다. 옛날 수행하는 사람들은 꿈에서도 변치 않는 깨침을 갈구하였습니다. 수행자들의 바람이 깊게 느껴집니다. 무의식 속에서도 어김이 없는 것이 참 수행이 아닐까요?

저는 꿈의 내용들을 괴로워했습니다. 그리고 제 꿈

속의 잘못을 되짚어 하나씩 반성하곤 하였습니다. 허나 사실 꿈은 내 생각의 반영인 것을 깨닫습니다. 내 행동의 결과임을 통렬히 깨닫습니다. '남을 위한 삶'이 내 꿈을 맑게 할 것입니다. 꿈을 걱정할 것이 아니라 깨어있을 때의 내 모습을 돌아봐야 합니다. 깨어있을 때라도 잘 하고 싶습니다.

'-씨'

우리 삶에 중요한 요소

사람에게 중요한 게 뭐가 있을까 생각하다가 문득 우리말에 '-씨'가 붙는 말이 많다는 것에 생각이 멈추었습니다. '마음씨, 말씨, 글씨, 솜씨, 맵시' 등이 거기에 해당합니다. 이 중에서 '솜씨'는 어원적으로 '손'과 관련이 있는 단어입니다. 약간 어렵지만 설명을 하자면 원래 '씨'에 'ㅂ'이 들어 있어서 '손'이 '솜'으로 발음된 것입니다. '맵시'에 'ㅂ'이 들어가 있는 것이 그 증거가 됩니다. '맵시'는 '매'와 관련이 있는 단어인데, '몸매, 눈매, 옷매무새' 등에서 알 수 있듯이 '매'는 '모습'의 의미였던 것으로 보입니다.

'씨'는 앞의 어휘들을 볼 때 공통적으로 '나타내는 것' 정도의 의미가 있었던 것으로 보입니다. 이렇게 '씨'가 붙어 있는 말들이 모두 우리가 삶을 살아가는 데 정말 중요한 요소라는 점은 흥미로운 일입니다. 이러한 어휘만 잘 살펴도 세상을 아름답게 살 수 있을 것 같습니다.

　우선 사람에게 서로를 이해하는 것 이상으로 중요한 것은 없을 겁니다. 그리고 이해의 필수적인 요소는 언어가 아닐까요? 말과 글을 잘 사용하는 것은 사람 사이를 아름답게 합니다. '말씨'와 '글씨'가 중요한 것이죠. 말씨는 '말투'와는 느낌이 다릅니다. 아무래도 말씨는 긍정적인 느낌에 더 많이 쓰는 어휘입니다. 고운 말씨를 쓰는 것, 다른 사람에게 일부러 상처 주는 말을 하지 않는 것은 말씨와 관계됩니다. 글씨와 '글투'는 의미가 전혀 다릅니다. 글씨는 글의 모양을 나타내는 반면 글투는 글을 쓰는 방법, 태도 등을 나타냅니다. 현대 사회에서는 점점 글씨 쓰는 일이 적어지고 있습니다. 우리는 이제 컴퓨터나 스마트폰을 이용해서 글을 쓰고, 또 보내고 있습니다. 하지만 여전히 자신의 생각을 오롯이 담고 있는 '글씨'는 소중합니다. 역설적으로 앞으로 글씨 잘 쓰는 사람이 대우 받는 세상이 다시 올지도 모릅니다.

　살아가려면 누구나 일을 해야 하는데, 일을 하려면 솜씨가 있어야 합니다. 손으로 하는 일이 훌륭해야 하는 것입니다. 솜씨는 관심과 노력이 뒷받침되어야 생기는 것입니다. 눈썰미가 있고, 자꾸 해보려고 하는 사람은 자연스레 솜씨가 좋아집니다. 예전에 가구를 만드는 솜씨가 좋았던 장인들이나 음식 솜씨가 좋았던 어머니들은 모두 그 일에 관심이 많고, 오랫동안 그 일을 한 사람들이었습니다.

남과 함께 살아가는 세상에서 '맵시'도 중요합니다. 맵시는 자신의 몸에 잘 맞는 모습이라는 생각이 듭니다. 비싼 옷으로, 번쩍이는 보석으로 치장하였다 하더라도 맵시가 나는 것은 아니죠. 어떤 이에게는 어울리는 옷이 다른 이에게 어울리지 않는 것은 사람이 다르기 때문입니다. 이 옷이 왜 나한테 어울리지 않는지 고민할 필요는 없겠죠. 왜냐하면 그냥 나에게 맞는 옷을 찾아 입으면 되니까요. 자기에게 잘 어울리는 겉모습도 찾아봐야 할 것 같습니다.

그리고 무엇보다도 '마음씨'가 중요하겠죠. 돈의 씀씀이도 '마음' 씀에 따라 달라질 수 있습니다. 우리는 '마음씨가 곱다', '마음씨가 착하다'라는 표현을 쓰는데 이는 모두 다른 이와의 관계에서 드러납니다. 마음씨는 행동을 통해서 알 수 있습니다. 힘든 일은 남보다 먼저 하려 하고, 남을 돕는 일에는 앞장서고, 먼저 슬퍼하고, 먼저 기뻐하는 사람은 마음씨가 고운 사람입니다. 마음씨가 좋은 사람과 함께 있으면 행복해집니다. 외모보다 마음씨가 중요하다는 것은 그래서 나온 말입니다.

우리말 속의 '씨'들을 보면서 여러 다짐을 합니다. 같은 접미사가 들어 있는 표현들은 때때로 우리에게 생각의 시간을 안겨주기도 합니다.

신경질

나와 남을 다치게 하는 것

'신경질이 나다'라는 표현이 있습니다. 우리말에는 '-질'이 붙는 어휘들이 꽤 있습니다. 주로 사람들의 행동에 붙는 경우가 많습니다. 우리는 '싸움질'을 하기도 하고, '삿대질'을 하기도 합니다. 예전에는 지나가다 연탄재에 '발길질'을 하는 사람들도 있었습니다. 마음에 들지 않는 사람을 향해서는 '손가락질'을 하기도 하죠. 그렇게 보면 '-질'은 좋은 의미는 아닌 것처럼 보입니다. 신경질도 좋은 의미는 아닙니다.

또한 사람들이 하는 일에도 '-질'이 붙는 경우들이 있습니다. 예를 들어서 도둑질이나 강도질과 같은 범죄 행위들이 여기에 해당합니다. 직업이라고 하기에는 민망한 나쁜 짓들이죠. 서로의 믿음을 깨뜨리며 바람을 피우는 것을 '서방질, 계집질'이라고 표현하기도 합니다. 이런 것들은 행동이라고 해야 할지, 일이라고 해야 할지 모호하기도 합니다. 하지만 나쁜 일들임에는 틀림이 없습니다.

물론 '-질' 중에는 일반적인 행위들도 있습니다. '다림질, 걸레질, 비질' 등에는 부정적인 의미가 담겨있지는 않습니다. 사투리에서는 '선생질, 의사질' 등과 같이 표현하기도 하는데, 나쁜 의미에서가 아니라 그냥 '일'이라는 의미로 사용하고 있습니다. '-질'이 원래는 중립적인 의미로 쓰였을 것인데, 점점 부정적인 의미에 주로 쓰이면서 의미가 바뀐 것으로 보입니다. 이제 우리의 인식은 '-질'이 붙은 어휘들을 부정적으로 바라보고 있는 것입니다. 앞으로 새로운 단어를 만들 때, '-질'이 붙는다면 아마도 대부분 부정적인 의미의 어휘일 겁니다. 요즘 만들어진 '전화질, 문자질, 지적질(?)' 등의 어휘가 그렇습니다.

저는 우리 몸에 대해서 잘 알지 못하지만 '신경'은 정말로 예민하고 날카로운 것이라는 생각이 듭니다. 그래서 우리말에 '신경이 예민하다'든지, '신경이 날카로워졌다'라는 표현이 있는 겁니다. 신경이 예민해지면 작은 소리, 작은 몸짓에도 짜증부터 나죠. 소리를 버럭 지르고, 자신의 주변에 벽을 쌓으려 합니다. 그때 주변에 사람이 들어오면 다치게 됩니다. 날카로운 신경이 상처를 내게 되는 것이죠.

신경은 몸뿐 아니라 머리카락 끝까지 뻗쳐 있습니다.

신경이 곤두서는 장면은 주로 머리끝까지 감각이 올라있을 때입니다. 내 온 몸이 초긴장 상태가 되어 레이더를 가동하고 있는 것입니다. 내 레이더에 들어와서 나의 신경을 건드리면 그 때 '신경질'이 나는 것입니다. 신경질은 나와 다른 사람을 다치게 합니다. 치과에서 신경 치료를 받아본 사람들은 알 겁니다. 얼마나 온 몸이 기분 나쁘게 찌릿한지. 무척 거슬리는 느낌이죠. 신경을 흥분 상태에 두면 나도 다치고 상대편도 다칩니다. 서로 기분 나쁜 정도가 아니라 아주 불쾌하게 만드는 겁니다.

신경질이 날 때마다 저는 스스로 생각해 봅니다. '어떻게 하면 내 신경을 다스릴 수 있을까?' 나의 신경을 바라보려는 노력도 필요할 겁니다. 주변 사람들이, 아이들이, 학생들이 내 신경을 건드린다고 말하는 '나 자신'도 발견하게 될 겁니다. 하지만 생각해 보면 주변 사람의 똑같은 행동도 나의 심리 상태에 따라 전혀 다르게 느껴지는 것을 알 수 있습니다. 어떨 때는 그저 허허 웃으며 넘겼던 것이 신경질로 바뀌기도 하는 것입니다. 내 신경이 날카로울 때 신경질이 더 많아지는 것입니다. 신경질 낼 일도 아닌데 말입니다.

이 글을 쓰는 동안 시간이 많이 걸렸습니다. 처음에는 금방 글을 쓸 수 있을 것 같았는데, 별로 하고 싶지 않은 일이 계속 생겨서 신경이 쓰였고, 아이들의 문제가 계속 머릿속을 괴롭혔습니다. 내 신경이 곤두서 있었던 것입니다. 나의 글과 행동이 같기도 참 힘이 듭니다. 신경질을 줄이기 위해서는 그야말로 수행이 필요하다는 생각이 듭니다.

금기(禁忌)

하지 말아야 하는 이유가 있는 것

얼마 전에 중국 동관에 강의를 다녀왔습니다. 중국 한글학교 협의회에서 해마다 개최하는 교수연수회에서 한국어 교육에 대한 강의를 하게 된 것입니다. 강의에서 제가 제일 강조한 것은 궁금증이었습니다. 선생이 궁금해야 학생들도 궁금해 합니다. 내가 궁금했던 것을 재미있게 이야기해 줄 때 아이들도 호기심으로 눈을 반짝이게 되는 것입니다.

그런데 그 연수가 열리는 호텔 엘리베이터에서 재미있는 현상을 발견했습니다. 그 호텔에는 4층과 7층이 없었던 것입니다. 4층은 한국에도 없는 곳들이 있습니다. 제가 근무하고 있는 학교의 병원 입원실에도 4층이 아예 없습니다. 아무래도 죽을 사(死)자를 연상하게 되는 4층에 입원을 하고 싶지 않은 심리를 반영하고 있는 것입니다. 이것은 중국의 경우도 마찬가지입니다.

중국에는 해음(諧音)이라고 해서 안 좋은 것과 비슷한 발음을 피하는 경우가 많습니다. 중국에서는 괘종시계 선물이 금기시됩니다. 그것은 종(鍾)의 발음과 '마친다'는 의미의 종(終)의 발음이 같기 때문입니다. 우리나라 사람들은 개업식마다 커다란 괘종시계 선물을 하는데, 중국인으로서는 까무러칠 노릇입니다.

7은 서양에서는 행운의 숫자입니다. 우리나라 사람들도 비교적 7을 좋아하는 것 같습니다. 서양의 영향도 있어 보이지만, 북두칠성을 소중히 여기던 마음도 관계가 되는 듯합니다. 칠성님께 비는 어머니, 할머니의 모습은 성스러운 느낌마저 있습니다. 하지만 중국에서는 칠(七)이 오히려 싫어하는 숫자에 속했습니다. 글자의 모양을 보면 끝이 구부러진 형태여서 인생에 굴곡이 있고, 순탄치 못하리라는 느낌을 받게 된 것입니다. 장사를 지낼 때도 3일장 또는 7일장을 지냈었습니다. 49재도 7을 일곱 번 반복한 숫자입니다. 모두 죽음과 관계되는 수입니다. 7과 3이 함께 있는 '7733'도 '처량하고 쓸쓸하다(凄凄慘慘)'라는 말처럼 들려서 싫어합니다. 이렇듯 다양한 이유로 '7'은 중국 사람들이 기피하는 숫자가 되었던 것입니다.

엘리베이터에 탄 다른 선생님들께 물었습니다. 이 호텔에 왜 7층이 없는 걸까요? 그랬더니 대부분의 대답은 '정말 7층이 없네요'였습니다. 나머지 사람들도 '글쎄요' 정도였습니다. 호기심과 궁금함이 느껴지지 않았습니다. 아이들에게 글쓰기를 가르칠 때도, 사고하기를 가르칠 때도, 과학을 가르칠 때도, 예술을 가르칠 때도 호기심을 갖게 하는 것이 제일 중요합니다.

우리가 하지 말아야 하는 것은 어떤 것이 있을까요? 4층을 회피하는 것처럼 우리가 금기시하는 것은 정말 많습니다. 먹지 말아야 하는 음식도 많습니다. 현대사회로 오면서 과학의 힘으로 금기가 줄어들었을 것 같지만 여전히 금기는 우리 주변에서 우리를 지켜보고 있습니다. 한국인의 금기들은 우리에게 궁금증을 안겨줍니다. '사람의 이름을 붉은 글씨로 쓰면 안 된다, 재수 없는 이야기를 하면 말이 씨가 된다, 문지방에 앉으면 안 된다, 밤에 휘파람을 불면 안 된다, 밤에 손톱을 깎으면 안 된다, 부모님의 성함을 말하면 안 된다, 제사 음식에 고춧가루를 쓰면 안 된다, 시험 보는 날 미역국을 먹으면 안 된다' 등 많은 금기가 있습니다.

금기에는 이유가 있습니다. 왜 하지 말라고 하는지 곰곰이 생각해 보면 재미있는 답을 많이 얻을 수 있을 것입니다. 어떤 것은 단순히 안전상의 문제나 위생상의 문제 때문인 경우도 있고, 어떤 것은 집단의 생존과도 관계가 있습니다. 어느 쪽이든 궁금함을 가져야 해답도 얻을 수 있습니다. 아이들과 앉아서 금기의 이유를 생각해 보세요.

| 제3부 |

한국어와 한국 사회

왕따 | 타임머신(Time machine) | 연예인(演藝人) | 이름 | 인문학(人文學)
스마트(smart) | 국격(國格) | 위령제(慰靈祭) | 인터뷰(interview) | 추억(追憶) | 도장
요즘 젊은 것들 | 맨날 술이야! | 새해가 밝다 | 기를 살리다 | 나쁘다와 밉다 | 나누다
못살다 | 문화(文化) | 정보(情報) | 핵주먹

왕따

없어져야 하는 말

우리말 중에서 없어져야 할 단어를 꼽으라면 저는 주저 없이 '왕따'를 이야기합니다. '왕따'라는 단어는 우리말 속에 들어온 지도 얼마 안 되는 아주 어린 단어입니다. 일본에서 따돌리는 것이 사회적으로 문제가 되면서 '이지메'라는 말이 우리 사회 속으로 들어 왔었습니다. 그 때 저는 '이지메'라는 단어는 그대로 외래어로 남아있기를 바랐습니다. 왜냐하면 새로운 단어가 만들어지면 그 단어의 개념이 머릿속에 남게 되고, 자연스럽게 사회에서 단어가 개념을 따라 활동을 하게 되는 경우를 많이 보았기 때문입니다. 하지만 저의 바람과는 달리 누군가가 만들었는지 모르지만 '왕따'라는 말이 생겨났고, 금세 유행어가 되어 사회 속으로 퍼져나갔습니다. 그 때도 저는 유행어는 한때일 뿐이므로 금방 사라질

것이라 생각했었습니다. 아니 그러기를 바랐었습니다. 하지만 '왕따'의 생명력은 점점 더 강해지고 있습니다.

'왕따'라는 말이 없던 시절에도 따돌림은 있었겠지만 그렇게 광범위한 사회 현상은 아니었습니다. '왕따'라는 말이 생기고 나서 '저 아이는 왕따야'라는 소리를 심심찮게 듣게 됩니다. 그리고 '너희 반에는 왕따 없니?'하는 어른들의 질문들도 쉽게 접하게 됩니다. '왕따'라는 말이 왕따를 구체적으로 확인시키고 있는 것입니다. 왕따를 당하는 사람이나 왕따를 시키는 사람이나 어찌 보면 단어가 만들어지면서 언어의 감옥에 갇혀있는 사람들입니다.

'따돌리다'라는 단어의 구성을 보면 '따다'와 '돌리다'가 합쳐진 말로 보입니다. '따다'의 의미는 '열매를 따다'에서와 같이 전체에서 분리시키는 것을 의미합니다. '따로'라는 부사도 같은 어원이라고 봐야 할 것입니다. '돌리다'의 의미는 '돌게 하다'의 의미도 있지만 '활동하다', '움직이게 하다'의 의미도 갖고 있습니다. '일이 잘 돌아가고 있다'는 말도 다 연관이 있는 말들입니다. 따라서 '따돌리다'의 의미는 함께 돌리는 것이 아니라 따로 돌리는 것을 의미하는 것 같습니다.

'열매를 따다'라는 말을 생각해 보면 따돌림의 무서움을 느낄 수 있습니다. 딴 열매는 더 이상 나무와 연결되지 않습니다. 더 이상은 가지와 연결되지 않습니다. 피는 꽃이나 나뭇잎들과도 연관성이 사라지게 되는 것입니다. 생명이 생명 노릇을 하지 못하게 되는 것입니다. 사람을 따돌리는 것도 다른 사람들과의 연관성을 끊어 버리는 것이므로 생명을 생명으로 인정하지 않는 것입니다. 따돌림을 당한 사람은 살아있어도 살아있는 것이 아닙니다. 나를 투명인간 취급을 한다는 말은 당해본 사람이 뱉어내는 처절한 표현입니다.

사람이 사람으로서 살아가는 것은 다른 사람과 하나임을 확인하는 것입니다. 그 사람도 나처럼 아프고, 힘들고, 슬퍼한다는 것을 확인하는 것이고, 그래서 돕고 싶은 마음이 생겨나야 하는 것입니다. 사람으로서 살아가는 것이 기쁜 이유는 내 아픔을 어루만져주고, 나에게 기댈 어깨를 빌려주는 사람들이 있기 때문이 아닌가요? 서로의 감정을 공유할 때, 사람으로서의 자존감을 갖게 되는 것입니다.

왕따는 따돌림 당하는 사람들 중에서도 가장 심한 경우를 일컫습니다. 그야말로 모든 이에게 따돌림을 당하는 사람이 되는 것입니다. 왕따의 결말은 스스로가 죽기도 하고, 다른 이를 죽이기도 합니다. 그렇게 극단적인 경우가 아니라고 하더라도 그저 폐인으로 평생을 보내기도 하고, 가슴 깊이 한으로 묻어둔 채로 살아가기도 합니다. 생명을 다른 생명들에서 떼어낸 행위의 결말이 참으로 무섭습니다. 더 이상 왕따라는 말도, 왕따를 시키는 행위도 이 세상에서 없어지기 바랍니다.

타임머신 (Time machine)

간절한 바람이 만들어낸 기술

―――――――――――――――――

　　새로운 기계, 새로운 의약품, 새로운 기술이 필요한 이유는 그것을 필요로 하는 사람들의 간절함에서 찾을 수 있습니다. 전화는 왜 필요할까요? 멀리 있는 이들에게 소식을 전하고 싶은 간절함이 있기 때문입니다. 수많은 치료약이 개발되고 있는 이유는 아파하는 이들을 안타깝게 생각하는 과학자들이 있기 때문입니다. 과학자들은 인문학과는 관계없는 것처럼 말하는 사람도 있지만, 사실상 과학자들이야말로 휴머니스트여야 하는 것입니다. 사람에 대한 애정이 없다면 과학은 의미가 없습니다. 간절한 바람이 필요한 기술을 만들어 내는 것입니다.

　　'사람들의 상상력이 얼마나 중요한가'에 대한 다큐멘터리를 보면서 우리는 왜 상상을 할까 하는 생각을 해 보았습니다. 상상의 이유는 다양할 것입니다. 하지만 기본적으로는 현실에 없는 것을 그려 보는 것이고, 그것이 이루어지기를 희망하는 것입니다. 우리는 달에 있는 토끼와 계수나무를 상상하고, 하늘의 은하수를 상상하고, 오작교를 통해 만나는 견우와 직녀를 상상합니다. 하늘에도 우리와 같은 삶이 있을 거라 상상하고, 그런 하늘을 통해서 살아가야 할 길을 찾기도 합니다.

우리는 만병통치약을 상상하고, 장님이 눈 뜨는 것을 상상하고, 앉은뱅이가 일어나 걷는 것을 상상합니다. 다 아름다운 상상입니다. 우리가 하는 상상들이 아름다운 상상인지 아닌지는 자신이 너무나 잘 알고 있습니다. 왜냐하면 우리의 감정은 상상에 따라 기뻐지기도 하고, 슬퍼지기도 하고, 부끄러워지기도 하기 때문입니다. 사랑하는 이와 멋진 곳으로 여행하고 싶은 상상은 아름다운 상상이 아닌가요? 머릿속을 맴도는 이상한 생각들은 부끄러운 상상이 아닌가요? 분노로 만들어내는 상상은 얼른 지워버리고 싶은 무서운 상상이 아닌가요?

기분 좋은 상상을 현실로 옮기려는 노력은 간절함에서 비롯되고, 그 간절함은 상상을 현실로 만듭니다. 기적을 만들어낸 옛 성자들을 보면 모두 더할 나위 없는 간절함이 있었습니다. 우리가 기적을 바라지만 잘 이루어지지 않는 이유도 생각해 볼 일입니다. 생각날 때만 하는 상상은 간절함이 덜합니다. 자나 깨나 언제나 갖고 있는 바람이 간절함을 만듭니다. 꿈속에서도 우리는 그러한 바람을 만나게 됩니다.

타임머신을 저는 그저 기계라 생각했습니다. 그것도 아주 허황된 공상의 산물이라고 생각했습니다. 사람이 과거로 가고, 사람이 미래로 가는 것이 정말 가능할까요? 하지만 오늘은 가능한가에 대한 질문보다는 왜 사람들이 타임머신을 꿈꾸었을까가 궁금해졌습니다. 미래의 일을 알아서 무엇을 하겠다는 것일까요? 과거의 일을 바꾸어서 무엇을 하겠다는 것일까요? 모두 현재와 관련이 있다는 생각이 듭니다. 과거를 알면, 현재의 내 모습에 대한 이해가 깊어질 것입니다. 어쩌면 허튼 원망이 사라질 수도 있습니다. 미래의 모습을 안다면 현재의 삶을 소중히 여길 것입니다. 현재는 미래의 거울인 셈입니다.

종교에서 전생을 이야기하고, 내세를 이야기하는 것은 그 사실 여부와 상관없이 현재를 잘 살기 위한 방편입니다. 우리는 아마도 타임머신을 타고 과거로 돌아가 어떤 일들을 바꾸는 것은 불가능할지 모릅니다. 하지만 과거를 생각하면서 내가 저질렀을지 모르는 수많은 과거를 반성하면서 다른 이를 용서하고, 다른 이에게 고마워하면서 살 수는 있을 것입니다. 그렇게 산다면 그것은 과거로 가는 타임머신을 탄 것이나 마찬가지입니다. 또한 미래로 가서 보더라도 후회하지 않게 주어진 시간들을 아름답게 산다면, 우리는 미래로 가는 타임머신을 탈 필요도 없을 것입니다.

    타임머신은 기계의 모습으로 상상 속에만 존재하는 것이 아닙니다. 타임머신을 상상하는 우리들의 가슴 속에는 삶을 바라보는 태도들이 담겨 있어야 합니다. 왜 과거를 알고 싶은가요? 왜 미래를 알고 싶은가요? 지금 나의 모습은 어떠한가요?

연예인(演藝人)

세상을 아름답게 바꿀 수 있는 사람

연예인은 인기를 먹고 산다고 합니다. 인기가 그만큼 중요하다는 것입니다. 그런데 인기는 왜 중요할까요? 경제적으로 보자면 돈이 되기 때문일 것입니다. 가수라면 앨범이 더 팔리고, 배우라면 관객이 더 들 것입니다. 광고 제안도 더 들어 올 것입니다. 인기가 좋아서 나쁠 것이 전혀 없는 것입니다. 또한 사람들의 주목을 받는다는 것도 어쩌면 흥분되는 일일 수 있습니다. 무대 위에 올라가 수많은 사람의 환호를 받는 것은 화려한 장면이 될 것입니다.

그래서인지 요즘 어린이나 청소년들은 연예인을 꿈꾸는 경우가 많습니다. 아이들의 장래희망을 조사해 보면, 연예인이 압도적으로 많습니다. 한국에서는 물리학자나 의사 등을 꿈꾸는 아이들의 희망도 1순위는 연예인인 경우가 많았습니다. 노력하다가 안 되면 다른 일을 하겠다는 것입니다. 연예인이 선망의 직업인 셈입니다.

그러나 정작 연예인들은 고통을 호소합니다. 인기가 없어질 것에 대한 두려움도 많고, 작은 실수로 그동안 쌓아 놓은 이미지가 사라질 것을 두려워하기도 합니다. 그래서 인터뷰마다 자살을 생각한 적이 있다고 털어 놓는 것입니다. '공인'이라는 말도 자주 하는 것을 보게 됩니다. 사실 사람들은 연예인들이 '공인'이라고 하는 것에 거부감을 갖는 경우도 많습니다. 그러고 보면 연예인이라는 직업이 마냥 부러운 것은 아닙니다. 오히려 안쓰러운 측면도 있는 직업입니다. 인기라는 게 그야말로 흘러가는 구름 같은 것이라는 생각도 듭니다. 아이들에게 연예인 되기를 그다지 권하고 싶지 않은 이유도 거기에 있습니다.

그런데 연예인이라는 직업에 대해서 다시 생각하는 기회가 생겼습니다. 바로 배용준 씨의 출판기념회를 보면서 연예인이란 참 좋은 직업이구나, 정말 영향력이 있는 사람이구나 하는 생각을 하게 된 것입니다. 배용준 씨는 잘 알다시피 우리 역사상 가장 세계적으로, 특히 일본에서 인기가 높은 배우입니다. 배용준 씨는 한국에서 가 볼 만한 곳이 어디냐는 일본 팬들의 질문에 답하지 못한 것이 부끄러웠다고 했습니다. 그래서 한국을 소개할 수 있는 책을 쓰기로 하였고, 1년여의 기간 동안 한국의 장인들을 만나서 그들의 솜씨를 배우고, 그들과 함께한 시간을 사진과 글로 담아 책으로 출판한 것입니다. 단순한 관광 안내서가 아닌 한국의 진정한 모습을 알릴 수 있는 책을 만든 것입니다. 일본에서 열린 출판 기념회에 약 5만 명이 모였습니다. 이제 일본 사람들은 배용준 씨가 책에서 안내한 길을 따라 한국 땅을 밟을 것입니다. 그리고 한국의 참 아름다움에 감탄할 것입니다. 배용준 씨가 참 귀한 일을 했습니다.

배용준 씨는 한류라는 말 대신에 아시아류라는 말을 제안하기도 했습니다. 한국의 무엇을 퍼뜨리려는 공격성 대신에 아시아적인 가치를 세계에 더 친숙하게 만드는 아시아류가 더 아름다운 말일 수 있습니다. 한류에 거부감을 갖고 있는 아시아인들에게 함께 노력할 가치가 생긴 것입니다. 전에 배용준 씨가 인도네시아 쓰나미 피해자들에게 기부를 한 일이 일본의 기부문화를 바꾸었다는 기사를 본 적이 있습니다. 한 명의 유명한 연예인이 세상을 아름답게 변화시키는 것입니다. 유명해지는 것이 중요한 것이 아니라, 유명해져서 무엇을 할 것인가가 중요합니다. 배용준 씨는 그것을 보여주었습니다. 그래서 배용준 씨가 고마운 것입니다. 아이들에게도 배용준 씨의 이야기를 해 주세요.

이름

부르고 싶은 말

'이름이 뭐예요?'라고 물으면 이름만 이야기해야 할지, 성까지 이야기해야 할지 혼란스러울 때가 있습니다. 우리말의 '이름'은 성을 제외한 부분을 의미하기도 하고, 성을 포함한 부분을 일컫기도 합니다. 굳이 표현하자면 '이름'은 성과 이름으로 이루어진 것이라고 할 수 있습니다. '성'을 영어로는 'family name'이라고 하는데, 결혼하면 성이 바뀌는 나라에서는 그 표현이 맞겠지만, 부모의 성이 서로 다른 우리나라의 경우에는 맞지 않는 표현이 됩니다. 서양의 많은 나라와 일본 등에서는 가족이 모두 같은 성을 씁니다. 가족은 성이 같아야 한다는 생각에서 출발했을 것입니다.

우리나라 사람들은 자신의 성과 이름을 매우 중요하게 생각했습니다. 그래서 성은 절대로 바꿀 수가 없는 것이었습니다. '성을 갈겠다'라는 표현은 실제로 성을 갈겠다는 것이 아니라 '성'에 대한 강한 집착을 보여줍니다. 집안의 명예를 소중하게 생각한 것입니다. 그리고 이름을 날리는 것을 큰 효도로 생각했습니다. 입신양명(立身揚名)이 중요한 가치였던 것입니다. 자신의 성과 이름을 널리 알리기 위해서 노력을 기울였던 것도 사실이고 그래서 명예(名譽)를 소중하게 생각했던 것도 사실입니다.

그런데 요즘에는 이름에 대해서 재미있으면서도 의미 있는 현상이 생겨서 흥미롭습니다. 요즘 신문기사들을 보면 연예인의 팬클럽 회원들이 자신이 좋아하는 연예인의 이름으로 기부를 하는 현상이 나타난 것입니다. 예전에는 연예인의 기부 행위를 보고, 따라서 기부하는 현상이 있었다면 이제는 아예 팬클럽이 주체가 되어서 기부를 하는 것입니다. 간단하게는 연예인이 기부하는 곳에 그 연예인의 이름으로 힘을 모아주는 방법이 있습니다. 어려운 나라에 학교를 세워주기도 하고, 재난이 닥친 곳에 성금을 모아서 내기도 합니다. 또 어떤 경우에는 좋아하는 연예인이 공연을 할 때나 드라마, 영화에 출연을 할 때 축하의 선물 대신 '쌀'을 보내고, 그 쌀을 연예인이 기증하는 예들도 있습니다. 예전에 스타들의 결혼식에서 부조 대신 '쌀'을 받는 경우도 있었는데, 그러한 일들이 계기가 되지 않았나 싶습니다.

　　팬클럽의 이러한 활동들을 보면서 자신이 좋아하는 사람의 '이름'으로 좋은 일을 하는 것은 기쁜 일이라는 생각이 새삼 들었습니다. 자신의 이름으로 착한 일을 하려면 왠지 쑥스럽지만, 내가 좋아하고, 존경하고, 아끼는 사람의 이름으로 한다면 기쁨이 몇 배로 늘어날 것입니다. 연예인의 팬클럽이라면 당연히 연예인의 이름으로 해야 하겠지만, 우리는 다른 이름들을 생각해 볼 수 있습니다. 우리를 가르치신 선생님의 이름으로, 부모님의 이름으로, 때로는 사랑하는 사람의 이름으로 좋은 일들을 할 수 있을 것입니다. 부모님의 이름을 딴 장학금을 만들거나, 자식의 이름으로 기부를 하는 것은 다 그런 마음에서 출발하였을 것입니다.

　　생각해 보면 내게 가르침을 주셨던 선생님들께 하는 보답으로 선생님의 이름으로 '장학금'을 기부하는 것도 의미 있는 일이 될 듯합니다. 제자를 사랑했던 선생님의 사랑이 오랫동안 전해질 수 있지 않을까요? 부모님께 받은 은혜를 갚는 길도 부모님의 은혜를 받지 못하는 아이들에게 돌려주면 좋지 않을까 하는 생각이 듭니다. 아이들에게 저금통장을 만들어 주는 것도 좋은 교육이겠지만, 용돈을 모아 기부하게 가르치는 것도 좋은 교육이 될 것입니다. 아이가 모은

용돈 액수만큼 부모가 더 보태주는 것도 즐거운 기부가 될 것입니다.

물론 기부가 사람의 이름을 드러내기 위해서 하는 일은 아닐 것입니다. 하지만 기부를 통해서 다른 사람을 사랑하는 마음, 고마워하는 마음이 커진다면 그것은 또 다른 의미의 행복이 될 것입니다. 그리고 이러한 마음들이 모여서 세상을 더 아름답게 바꿀 수 있을 것으로 봅니다. 사랑하고 존경하는 사람의 이름으로 기부하는 사람들이 많아지기를 기대합니다.

인문학(人文學)

사람의 향기가 나는 학문

여기저기에서 인문학에 대하여 걱정하는 소리들이 많아서 적습니다. 인문학이 위기라고 합니다. 생각해 보면 대학마다 실용적인 학문이 유행하고, 기업에서 원하는 인재를 기르기 위해 맞춤형 교과과정을 개발한다고 하니 위기는 위기인 듯합니다.

허나 또 생각해 보면 실용적인 세상이 된 것도 부정할 수는 없을 것입니다. 당장 필요한 학문만 한다고 욕하지만 그동안 당장 필요한 학문을 가볍게 취급하지는 않았는지도 반성해 볼 일입니다. 대학이 기업이 원하는 인재만 기르는 것도 문제라고 할 수 있지만, 기업에서 필요한 내용을 생각지 않았던 교과과정도 다 잘된 것이라 할 수는 없을 것입니다.

문제는 실용과 인문학의 균형에 있는 것입니다. 더 정확히 말하자면 인문학적인 바탕을 어떻게 마련할 것인가에 대한 고민이 있어야 하는 것입니다. 인문학적인 토대 위에 실용의 꽃이 피게 해야 하는 것입니다. 새로 개발되는 첨단 기술의 제품에도 인문학의 향기가 있어야 합니다. 그것이 문화가 되고, 깊이가 됩니다. 예전에는 에어컨은 단지 냉방기구였지만, 요즘에는 예술품도 되고 멋진 가구가 되기도 합니다. 이제 더 이상 한겨울의 천덕꾸러기로 거실 한 쪽을 지키고 있지만은 않는 것입니다. 기계에서 사람의 향기가 나게 된 것입니다.

인문학은 언제 공부해야 하는 학문인가요? 저는 문제는 여기에서 비롯된다고 생각합니다. 요즘에 인문학 책을 읽는 사람들을 보면 주로 고등학생이 논술 준비를 하는 경우나 대학 1, 2학년생들이 교양과목으로 읽게 되는 경우가 많습니다. 물론 이 시기에 인문학 독서를 하는 것은 필요하고, 중요합니다.

하지만 인문학 책을 그쯤에서 읽고, 더 이상 읽지 않는다는 데 문제가 있습니다. 나이를 먹은 사람이나, 글줄 꽤나 읽었다는 사람들이나, 인문학이 위기라고 맞장구치는 사람들이 최근에 보고 있는 책이 무엇인가 묻고 싶습니다. 인문학을 어릴 때 읽는 책 정도로 취급하고 있는 것은 아닌가 하는 생각도 하게 됩니다. 인문학 책, 우리가 고전이라고 부르는 책들은 그야말로 평생을 두고, 여러 번 읽어야 하는 책이 아닌가요?

 '대학'을 어느 정도 읽었으니, 다른 책을 읽으면 어떻겠냐는 제자의 질문에, 이제 '대학'을 어느 정도 알 것 같으면 본격적으로 그 책을 더 읽으라고 했다는 주자의 대답은 시대를 달리하여도 깊은 울림을 줍니다. 동양의 고전인 사서삼경이나 팔만 권이 넘는다는 불경이나 서양사를 따라 흐르는 철학서들과 성경은 두고두고 읽어야 하는 책들이 아닌가요? 그야말로 인문학 도서들은 가죽 끈이 세 번 끊어질 정도로 여러 번 가까이 두고 읽어야 할 것입니다. 종교적인 도서를 제외하고 내가 여러 번 읽은 책은 무엇이 있는지 자문해 볼 일입니다.

 인문학 책을 읽지 않는 젊은이나 학생들을 걱정하기 전에 오늘 내 손에 쥐었던 책을 돌아보았으면 합니다. 오늘 내 머리를 죽비처럼 내려친 글귀들을 기억해 볼 일입니다. 인문학의 위기는 나에게서부터 시작된 것입니다. 내 속에서 인문학을 살아 숨 쉬게 해야 합니다.

스마트 (smart)

때로는 전원을 끄는 행위

앞으로의 시대는 '스마트'냐 '스마트가 아니냐'로 나뉜다고 합니다. 스마트폰이니 스마트 TV이니 하면서 사람이 아닌 기기들에 스마트라는 말을 붙이고 있습니다. 새로운 기기, 정보통신의 발달이 몰아치고 있는 것입니다. 스마트 기기들을 바라보면 그야말로 눈이 휘둥그레지고, 정신이 하나도 없는 놀라움의 연속입니다. 안 되는 것도 없고, 못할 것도 없는 세상이 되어 버린 것입니다.

백성의 대다수가 글을 읽지 못하는 시대가 있었습니다. 글을 배우지 않아서 모르는 것도 있었지만 글을 배울 필요도, 배워서 써먹을 데도 없었던 것입니다. 글을 몰라 특별히 불편한 점도 없었습니다. 역사는 할아버지, 할머니께서 들려주신 이야기 속에 담겨 있었고, 기술은 부모님이나 선생님께 하나하나 배우면 되는 것이었습니다. 농사도 책을 보고 짓는 것이 아니었고, 나물도 책을 읽어 캔 것은 아니었습니다. 굳이 책을 읽어야 할 필요가 적었던 것입니다. 거창한 철학도 필요하지 않았습니다. 어른들의 말씀 속에서 내 삶의 지혜를 채워나가고, 나를 위한 욕심들을 비워나가면 되는 것이었습니다.

정보는 지식이 되는 경우는 많지만, 지혜가 되는 경우는 많지 않습니다. 오히려 지나친 정보는 몸속에 화를 키웁니다. 세상의 뉴스를 많이 알게 되어서 행복감이 커졌는가 생각해 보면 알 것입니다. 뉴스에는 좋은 소식보다는 자극적인 내용들이 많습니다. 어린아이들은 TV 뉴스를 싫어하는 경우가 많은데, 그 이유가 재미없어서도 있지만 무섭기 때문이라고도 합니다. 뉴스를 보면 누가 죽고, 누가 죽이고, 사고가 나고, 불이 나고, 집이나 다리가 무너지기도 합니다. 화산에, 홍수에, 태풍에, 폭설에 대한 저 많은 정보를 내가 다 알아야 할까요? 그런 지식이 쌓이면 내가 잘 살게 되는 것인가 묻고 싶습니다. 글을 모르는 사람이나 세상에서 떨어져 오지에 사는 사람들의 행복지수가 높다는 사실은 우리에게 많은 반성을 줍니다.

우리가 모든 정보를 다 알아야 하는 것은 아닙니다.

물론 세상이 우리를 가만두지 않으니, 정보를 접하지 않을 수는 없을 것입니다. 그래서 정보를 대하는 방법이 우리에게 중요한 것입니다. 사람들과 이야기하는 것도 정보라는 측면에서는 비슷합니다. 우리 주변의 사람들은 내게 너무 많은 정보를 줍니다. 누가 어떻고, 누구네 집은 어떻고, 그 집 자식은 어떻고 하며 말들이 많습니다. 내가 다 알아야 하는 정보도 아닌 것입니다. 저 쏟아지는 말들을 피하는 방법은 귀를 막고 듣지 않거나 한 귀로 듣고 한 귀로 흘려보내는 수밖에 없습니다. 물론 좋은 이야기들은 귀 담아 들어야겠죠.

  문제는 정보의 양입니다. 세상은 어차피 스마트 시대 속으로 가게 될 것입니다. 어떻게 흐름을 거스르겠습니까? 컴퓨터로 글을 쓰면 글이 안 된다고 말하며, 펜으로 쓰는 것을 고집하던 작가들도 이제는 거의 컴퓨터로 소설을 씁니다. 따라가는 속도의 차이가 있을 뿐 시대의 흐름을 거역하기는 어려운 것입니다. 하지만 엄청난 정보가 쏟아질 것을 생각하니 겁도 납니다. 손에 딱 붙어있는 똑똑한 전화가 내게 계속 말을 걸어 올 것입니다. 은행일도 보고, 메일 확인도 하고, 게임도 하고, 영화도 보고, 주변의 맛집도 찾고, 수많은 어플 속에서 쉴 틈이 없을지도 모릅니다.

  하지만 우리에게는 강력한 무기, 전원스위치가 있지

않은가요? 주변사람에게 방해가 되지 않기 위해서도 종종 전원을 꺼야 하지만, 나의 지혜로운 삶을 위해서도 종종 전원을 꺼야 합니다. 저는 아직도 집에 있을 때는 휴대전화를 꺼 놓을 때가 많습니다. 항상 나에게 연락이 되는 것도 좋은 일은 아니라는 생각입니다. 스마트 시대에 내게 쏟아지는 정보의 양을 줄이고, 지혜를 기르는 방법은 때로 전원을 끄고 사람을 만나는 것입니다. 좋은 사람을 많이 만나서 좋은 이야기를 많이 한다면 스마트 시대를 살면서도 예전의 지혜를 배울 수 있는 길이 될 것입니다. 물론 그 때도 전원을 끈다면 더 좋을 것입니다.

국격(國格)

다른 나라에서 본 우리나라의 가치

요즘 한국에서는 '국격'이라는 말이 언론에 자주 나옵니다. 새로 등장한 신어 또는 유행어라고 볼 수 있는 말입니다. '국격'은 나라의 격이라는 뜻으로 '인격'과 대비되는 개념으로 사용하는 것 같습니다. 사람에게도 격이 있듯이 나라에도 격이 있다는 뜻으로 나라의 격이 훌륭해져야 한다는 의미에서 국격이라는 단어를 사용하고 있는 것입니다.

한국에서는 국격을 높이는 방안을 정부 부처마다 열심히 연구하고 있고 실행 방안들을 계속해서 만들어 내고 있습니다. 어떻게 하면 국격을 높일 수 있을까요? 사실 국격은 하루아침에 좋아지는 것이 아닙니다. 사람의 인격이 하루아침에 좋아지지 않는 것과 마찬가지의 이치입니다. 따라서 국격을 높이려고 인위적으로 무리하게 일들을 만들어 내는 것은 역효과가 될 수도 있습니다. 국격을 높이기 위해서는 국민의 의식이 바뀌어야 하고 그러한 점에서는 본질적인 이야기가 되겠지만 교육이 중요할 수밖에 없습니다.

교육을 할 때는 지켜야 할 가치와 바꾸어야 할 가치를 함께 고민해야 합니다. 국격을 높이자고 하는 사람들은 모두들 바꾸어야 할 것에 대해서만 말하는데 사실 지켜야 할 가치도 많습니다. 관리의 청렴결백, 효와 경로사상 그리고 이웃 간의 정 등은 여전히 우리에게는 중요한 가치입니다. 이런 가치들을 어떻게 되살릴 것인지에 대해 노력하는 것이 한국의 국격을 높이는 출발점이 될 것입니다.

우리가 바꾸어야 할 것들도 많습니다. 사람이 사람다워야 한다고 말하는 것은 나라에도 그대로 적용됩니다. 나라가 나라다워야 합니다. 저는 그것이 국격이라고 생각합니다. 성별이나 장애 여부, 나이, 인종에 의해서 차별 받는 사회는 나라다운 나라가 아닙니다. 서로 다른 의견을 틀린 것이라 무시하고 자신만이 옳다고 외치는 것도 나라다운 나라는 아닙니다. 경쟁에서는 무조건 이겨야 하고, 돈 많이 버는 좋은 직장에 들어가도록 교육하고, 그렇게 승리한 아이를 보면서 자랑하는 것도 나라다운 나라의 모습은 아닙니다. 국격을 생각해 보면 반성할 점도 많아집니다.

또한 국격은 우리가 스스로 좋아졌다고 판단하는 것이 아닙니다. 남들이 우리를 보면서 판단해 주는 것입니다. 따라서 교만은 가장 큰 적입니다. 낮은 자세로 다른 나라를 돕고 다른 나라 사람들이 한국 사람들을 좋아하게 되면 그것이 국격이 높아진 증거가 될 것입니다.

위령제(慰靈祭)

인간의 기본적인 도리

      한국이 연일 강추위에 난리입니다. 어떤 나라에서는 홍수로 난리고 어떤 나라는 폭설로 난리입니다. 이상 기후라고도 하고 온난화라고도 하고, 기상이변이라고도 하지만 한마디로 하면 '재앙'임에 틀림없습니다. 재앙에는 원인이 있기 마련이고, 그에 대한 해결책도 있어야 할 것입니다.

      한국이 요즘 엉망입니다. 정치나 경제에 관한 이야기가 아닙니다. 그런 이야기는 신물이 날 정도로 들었을 것입니다. 여기서 이야기하고 싶은 문제는 구제역과 조류 독감에 대한 이야기입니다. 그 병에 대해서는 자세히 모르지만 그로 인해 수백만 마리가 살처분(殺處分), 안락사(安樂死)를 당하고 있습니다. 용어를 어떤 것을 쓰든지 살아있는 생명들을 막 죽이고 있는 것은 맞습니다. 참 답답하고, 안타까운 일입니다. 생명이 귀하다는 이야기는 어른들께도 들었고, 선생님께도 들었고, 성직자들께도 들었습니다. 아무도 생명을 함부로 하라는 이야기는 한 적이 없습니다. 그런데 우리는 수백만의 생명을 산 채로 땅에 묻고 있는 것입니다.

  기상이변의 문제가 살처분 때문은 아니겠지만, 날씨가 안 이상해지는 것도 희한한 일일 것이라는 생각이 듭니다. 무고한 생명이 저렇듯 처참히 스러져가는데, 하늘이 가만히 있는 것도 이상하지 않은가요? 사람들이 다른 생명들을 저렇게 죽이고 있는데 자연이 아무런 반응을 하지 않는다면 그것도 신기한 일일 것입니다. 사실 저는 더 큰 재앙이 올까 두려운 마음도 있습니다. 옛이야기를 보면 보통 이런 경우에 천벌이 내리곤 하지 않던가요?

  태국에 다녀온 적이 있습니다. 태국은 그야말로 개들의 천국입니다. 태국 나래수안 대학에 방문하였었는데, 개들이 학교 건물 앞은 물론 강의실 복도에까지 세상 편하게 누워있고 어슬렁거립니다. 개가 사는 곳에서 사람들이 수업을 받고 있구나 하는 생각이 들 정도였습니다. 저는 개가 가까이 오면 무섭다는 생각이 들었는데, 그곳의 사람들은 그저 아무런 느낌 없이 지내고 있었습니다. 그냥 같이 살아가는 것이었습니다.

나래수안 대학 한국어 선생님의 차를 타고 이동을 해야 할 일이 있었습니다. 그 차 안에는 귀여운 개 인형이 두 마리 놓여 있었습니다. 개가 차에서도 호강을 하고 있구나 하는 생각이 들었습니다. 그런데 그 선생님이 개 인형이 차에 있는 이유를 이야기해 주었을 때 한동안 충격을 받게 되었습니다. 개 인형은 학생들이 선물해 준 것이라고 했습니다. 그 선생님이 얼마 전에 운전을 하다가 갑자기 길로 뛰어든 개를 쳐서 죽게 한 일이 있었다고 합니다. 그 이야기를 들은 학생들이 개의 영혼을 위로해 주라고 하면서 인형을 선물한 것이라고 합니다. 그리고 그 선생님은 사고가 난 곳에 찾아가서 개를 위해 묵념도 올렸다고 합니다. 작은 위령제를 한 셈입니다. 그러고 나니까 마음도 한결 편해졌다고 하였습니다. 개가 선생님의 기도를 들었는지는 알지 못합니다. 하지만 한 생명에 대한 기본적인 도리는 했구나 하는 생각이 들었습니다.

뉴스마다 소, 돼지, 닭, 오리를 죽였다는 이야기가 나옵니다. 이제 하도 들어서 그런가 보다 하는 정도로 넘기고 있습니다. 신문 기고나 칼럼마다 동물들을 죽이는 것에 대한 안타까움도 담겨있습니다. 살처분을 주장하는 사람들은 어쩔 수 없으니까 죽이는 것이고, 인간을 위해서는 어쩔 수 없는 선택이라고 말할 것입니다. 저는 그 선택도 이해하여야 한다고 생각합니다. 물론 인간의 욕심으로 이런 사태가 벌어지게 된 것에 대한 안타까움은 있습니다.

    죽이지 않고 문제를 해결하였다면 좋았겠지만 어쩔 수 없이 죽였다면, 그 가엾은 생명들을 위한 우리의 죄 씻음이 있어야 할 것입니다. 동물들을 죽인 마을마다 작은 위령비라도 세워서 우리의 어리석음에 교훈이 되었으면 합니다. 그리고 서로 접근하는 방식은 다르겠지만 동물들을 위해서 정성껏 위령제라도 지내주었으면 합니다. 기도가 되었든, 염불이 되었든, 제사가 되었든, 묵념이 되었든 간에 그 넋들을 진심으로 위로해 주었으면 합니다. 그 생명들이 우리의 정성을 알지 못할 수도 있습니다. 그러나 그렇게 하는 것이 인간으로서의 기본적인 도리를 하는 것이고, 자연의 섭리를 거스르지 않는 일이 될 것입니다. 그리고 앞으로는 정말 더 이상 동물들을 위해서 위령제를 지내지 않아도 되는 세상이 되기를 간절히 바랍니다.

인터뷰(interview)

내 안을 보여주는 일

인터뷰는 말 그대로 다른 사람의 안을 들여다보는 것이고, 내 안을 보여주는 일입니다. 여러분은 인터뷰를 해 본 적이 있나요? 인터뷰를 하게 된다면 살아온 날들에 대해서 무슨 이야기를 할 건가요? 저는 기회가 되면 솔직한 인터뷰를 해 보고 싶다는 생각이 듭니다. 인터뷰 대상이 굳이 언론일 필요는 없습니다. 내 이야기를 들려주고 싶은 가족들이어도 좋고, 후배들이어도 좋고, 제자들이어도 좋을 것입니다.

텔레비전에는 인터뷰 프로그램이 많습니다. 그 사람이 유명인인 경우도 있고, 그냥 평범한 사람들인 경우도 있습니다. 그런데 인터뷰를 가만히 듣다 보면 어느 사람이든지 살아온 날들이 특별하고, 참으로 애정이 가는 일들이 많다는 생각을 하게 됩니다. 사람들은 저마다의 삶을 살아가고 있구나 하는 생각을 하게 됩니다.

저는 어떤 프로그램보다 인터뷰하는 프로그램을 보면서 많은 반성을 하게 됩니다. 우리는 그 사람을 잘 모르고 함부로 판단하는 경우가 많은 것 같습니다. 모두 다 살아온 방식이 다르고, 그래서 드러나는 모습들도 다르겠지만 쉽게 평가해서는 안 된다는 생각이 듭니다.

인터뷰를 보면 모두 쉽지 않은 인생들을 살았습니다. 방황하던 시기들도 있었고, 고통스러운 기억도 있었고, 때로는 죽음을 생각하는 순간들도 있었습니다. 정도의 차이는 있어도 고통이 없는 삶은 없습니다. 어떤 경우에는 자신이 다른 사람에게 고통의 기억이 된 경우도 있었습니다. 그 사람이 친구인 경우도 있었고, 가장 가까운 가족인 경우도 있었습니다. 인터뷰 때마다 눈물이 흐르는 장면이 나오는 것은 내가 안겨준 고통이 생각나서일 것입니다.

인터뷰를 보면서 나에게 누군가가 인터뷰를 요청하면 어떤 이야기를 할 수 있을까 하는 생각을 해보게 되었습니다. 어릴 때는 어떠했는지, 학창시절에는 어떠했는지, 결혼 생활은 어떠했는지, 왜 이 공부를 시작했는지, 이 직업을 갖게 된 이유는 무엇인지 등에 대한 질문이 이어질 것입니다.

생각해 보면 부끄러운 일들도 많지만, 내가 지나온

흔적이기에 소중하다는 생각이 듭니다. 그리고 어쩌면 내가 살아온 날들을 내 중심으로 각색하여 기억하고 있을지도 모른다는 생각도 들었습니다.

재외동포들은 그 누구보다도 많은 이야기를 담고 있는 경우가 많습니다. 어떤 경우에는 일부러 말하지 않으려 하기도 하지만 지나온 이야기가 그야말로 한 편의 소설이 되고, 영화가 되는 사람들이 많을 것입니다. 가족을 위한 희망이나 미래를 향한 나의 꿈이 해외로 향하게 했을 것이고, 외로움과 그리움으로 애타던 밤이 있었을 것입니다. 자식들의 교육으로 힘들어 하면서도 보람되었던 시간들도 있었을 것입니다. 이제는 다 옛날이야기로 내 주변을 스치고 있을 것입니다.

한동안 유서 미리 써보기 운동이 벌어진 적이 있었습니다. 과거를 돌아보면서 현재의 모습을 되돌아볼 수 있는 시간을 갖게 하는 운동이었습니다. 유서를 미리 써 보고 싶은 마음은 없지만, 나를 비롯하여 여러 사람의 인터뷰를 해보고 싶다는 생각이 들었습니다.

삶의 흔적들을 통해서 다른 사람의 세계를 이해하고 차분히 나를 바라볼 수 있는 시간을 갖고 싶은 것입니다. 가끔씩은 자신을 인터뷰하는 모습을 상상해 보는 것도 삶의 활력소가 될 것입니다.

추억(追憶)

그리움을 담은 기억

대학로에 가면 '학림'이라는 다방이 있습니다. 50년대부터 계속해서 그 자리를 지켜 온 곳입니다. 며칠 전에 한 선생님과 만나기로 했는데, 약속 장소를 정하기가 어려웠습니다. 서로 알고, 서로 편한 곳을 찾는 일은 참 쉬운 일이 아닙니다. 그 때 생각난 장소가 바로 '학림'이었습니다. 그 선생님은 60년대 초 대학로에서 학교를 다니셨고, 학림에 추억이 많으신 분이셨습니다. 저는 개인적으로 잘 아는 장소는 아니었지만, 어쩐지 그곳에 가면 추억을 만날 수 있을 것 같았습니다.

제가 있는 학교 앞에는 오래된 가게가 거의 남아 있지 않습니다. 대학시절 다니던 다방이나 술집이나 심지어 식당도 이제는 거의 남아 있지 않습니다. 편하게 단골로 갈 수 있는 장소가 없어진다는 것은 서글픈 일입니다. 제가 있는 학교의 건물들은 그래도 옛 모습을 지키고 있는 곳이 많지만, 어떤 학교는 동문임에도 학교를 소개할 수 없을 만큼 철저하게 달라진 곳들도 있습니다. 아예 학교를 옮긴 곳들도 여러 곳이니, 동문의 서운함이 느껴집니다.

서울의 여러 고등학교도 이름은 남아있지만 추억 속의 모교는 사라진 지 오래입니다. 내가 다니지 않았던 교정에 가서 고등학교 시절을 떠올리며, 향수에 젖는 것은 쉬운 일이 아닙니다. 교정에 피던 진달래도, 라일락도, 목련도 추억 어린 장소에 피어야 의미가 있는 것입니다.

우리나라에는 근대의 유물도 많이 남아있지 않습니다. 한옥들도 거의 없어져서 새로 지어 한옥 마을들을 만들기도 합니다. 경제의 성장 속도를 높이는 과정에서 과거에 관심을 두지 않고 미래만 생각해서 생긴 현상들일 것입니다. 주변의 생활은 나아졌으나 내 추억이 머물 자리들은 급속도로 사라지게 된 것입니다. 추억을 찾기도 참 힘듭니다.

대학로 '학림'에 가보니 예상대로 나이든 분들이 많이 와 계셨습니다. 추억을 그리워하며, 옛 친구들을 만나고 있을 것입니다. 그리고 그 분들의 말대로 열심히 찾아와야 이곳이 남아있을 것이라는 생각도 있었을 것입니다. 얼굴 가득 행복함이 묻어있었습니다.

그런데 그곳에는 젊은 학생들도 많이 있었습니다. 노인들과 젊은이들이 어색하지 않게 공존하고 있는 모습을 보면서 묘한 흥분이 느껴졌습니다. 저 젊은이들에게도 앞으로 이곳이 그리움이 될 수 있겠구나 하는 기대가 생겼습니다. 추억이 있는 곳일수록 젊은 세대들과 함께 가야겠구나 하는 생각도 들었습니다. 그래야 그곳이 문을 닫지 않고 새로운 추억의 장소가 되는 것입니다. 오늘의 모습이 내일은 추억이 되고, 모레는 역사가 될 것입니다.

그 젊은 학생들 중에 몇 명이 우리에게 다가와서 인터뷰를 요청했습니다. 성균관 대학교의 학생 기자들이었습니다. 서로 세대가 다른 두 사람이 맛있게 대화를 나누는 모습을 보면서, 그 학생들도 재미있었던 모양입니다. 우리들은 여기와 같은 추억의 장소들이 계속 살아 있었으면 좋겠다는 이야기를 들려주었습니다. 그리고 여러분과의 만남이 이곳을 좋은 추억으로 만들어 줄 것이라는 이야기도 했습니다. 앞으로 학림에 들르면 선생님과의 이야기도 학생기자들과의 만남도 다 추억으로 떠오를 것입니다.

추억은 마음속에만 있어야 하는 것은 아닙니다. 실물로, 구체적으로 살아 숨 쉬고 있어야 하는 것입니다. 예전에 내가 살던 집, 내가 다니던 학교, 친구들과 이야기를 나누던 곳들을 떠올려 봅니다. 괜히 애잔한 마음이 듭니다. 한번 가봐야겠습니다. 그곳에 그대로 있었으면 하는 기대를 품고. 아이들과 함께.

도장

나의 모습과 가치

서양에 비해서 동양은 도장의 문화가 깊게 자리하고 있습니다. 은행에서도 이제는 서명을 허용하고 있지만, 도장을 가지고 왔냐고 묻는 경우가 여전히 많습니다. 도장이 없으면 서명을 하라고 이야기합니다. 도장이 우선이고, 사인(sign)은 두 번째인 셈입니다. 회사의 직인이나 나라의 국새나 모두 도장의 중요성을 보여주고 있습니다. 직인이 있는가 없는가에 따라서 문서의 신뢰성이 결정되기도 하는 것입니다. 아마 직장에서 중요하게 듣는 소리 중 하나가 직인을 함부로 찍어서는 안 된다는 이야기일 것입니다. 도장은 여전히 우리나라에서 중요한 도구라고 할 수 있습니다.

하지만 아이들에게 도장은 큰 의미가 없습니다. 도장이 없는 아이도 많을 것이고, 있다고 하여도 사용할 일이 없는 경우가 대부분일 것입니다. 아이들에게 도장은 선생님이 찍어주시는 '참 잘했어요' 정도의 느낌이 아닐까 싶습니다. 그것도 아니라면 손가락 걸고 약속할 때 엄지손가락끼리 꾹 누르는 도장 찍기를 떠올리지 않을까요? 아무튼 이 아이들이 어른이 되면, 아마도 모든 것을 서명으로 끝내게 되고, 더 이상 도장이 필요하지 않은 세상이 될 수도 있습니다.

그런데 서울 고궁박물관에 아이와 함께 갔다가 전시되어 있는 도장을 보고나서 도장의 용도에 대해서 다시 생각해 보게 되었습니다. 어떤 도장에는 '다산독본(茶山讀本)'이라는 글귀가 새겨져 있었는데, 그것은 '다산이 읽은 책'이라는 뜻이었습니다. 자세하게 그 도장의 사용처에 대해서 언급하지는 않았지만, 다산 정약용 선생이 읽은 책에 찍어놓은 도장이었을 것으로 생각이 되었습니다. 그곳에 전시되어 있는 다른 도장들의 내용들을 살펴보니 아름다운 시의 구절도 있었고, 덕담이 되는 귀한 글들도 있었습니다. 자신이 어떻게 살아야 하는지에 대한 지침의 글도 담겨져 있었습니다. 도장은 단순한 도구가 아니라 인문학의 향기라는 생각이 들었습니다.

그동안은 도장을 단순히 어떤 계약을 표시하는 역할로만 여겼었는데 그것은 도장의 아름다움을 전혀 모르는 생각이었습니다. 우리의 선조들은 도장을 단순히 계약의 증표로만 사용한 것이 아니었습니다. 다양한 종류의 도장을 만들어 자신의 행위를 기억하게도 하였던 것입니다. 아이들에게 아이의 이름을 딴 '독본(읽은 책)' 도장을 만들어 주면 어떨까 하는 생각이 들었습니다. 아이들에게 책을 읽으라고는 이야기하지만 읽은 책에 대해서 애정을 갖게 할 장치는 마련해 주지 않았구나 하는 생각도 하게 되었습니다. 자신이 한 번 읽은 책인지, 두 번 읽은 책인지 책 속의 도장 개수를 세어보면 알 수 있을 것입니다.

그리고 보면 도장은 다양한 용도로 살아날 수 있을 것입니다. 옛날 선조들이 자신이 쓴 글이나 그림에 낙관을 찍듯이 아이들이 지은 동시 위에, 세상을 담은 자신의 그림 위에 도장을 찍게 할 수도 있을 것입니다. 모든 것이 지나치게 디지털화한 세상에서 도장은 아날로그의 모습이 될 수도 있고, 사람의 향기가 될 수도 있습니다. 글은 컴퓨터 자판을 통해 쓰고, 프린터를 통해서 나오더라도 마지막에는 자신을 담은 도장을 꾹 눌러서 마무리한다면 아이들에게도 기쁨이 될 듯합니다. 또 부모의 도장에도 좋은 구절을 넣어서 아이들의 글이나 그림 위에 찍어주면 어떨까 하는 생각을 해 보았습니다.

우리가 도장을 찍었다고 하면 주로 어떤 행위가 완결되었음을 의미합니다. 돌이킬 수 없다는 의미가 되기도 합니다. '도장만 찍으면 된다'는 말은 이제 마지막 순서만 남았다는 의미가 됩니다. 이제 도장을 찍으면서 인문학의 향기를 느낄 수 있었으면 합니다. 도장에도 삶의 모습과 가치가 담겨 있기를 바랍니다. 이번 주말에는 아이들과 도장을 새기러 가 봐야겠습니다. 해민독본(海民讀本), 민재독본(民在讀本)!

요즘 젊은 것들

새로운 세상의 주인공

요즘 젊은 것들은 참 잘합니다. 선사시대의 기록에서도 요즘 젊은 것들은 버릇이 없다는 이야기가 나온다고 합니다. 어른들의 입장에서 어린 것들의 행동거지가 마음에 들지 않는 것은 어찌 보면 당연한 것이라 생각됩니다. 사실 마음에 들지 않아야 여러 가지 교육도 할 수 있는 것이 아닌가 하는 생각도 듭니다.

밴쿠버 동계올림픽이 연일 화제입니다. 그럴 수밖에 없는 것이 우리 젊은이들이 정말 잘합니다. 예상을 뛰어 넘는 결과들을 보여주고 있습니다. 기성세대들은 젊은이들을 걱정하고 있지만 그들은 우리 예상보다 더 잘 커주었고 더 큰 성과를 올리고 있습니다. 아름다운 젊은이로 자라고 있는 것입니다.

지금 올림픽에서 큰 성과를 올리고 있는 선수들은 대부분 1988년 이후에 태어났습니다. 그래서 88둥이라고도 부릅니다. 88년 이후라는 말에는 고생 없이 자란 사람이라는 의미도 포함되어 있습니다. 아마 기성세대들은 고생 없이 자란 세대니까 나약할 것이라 판단할 것입니다.

그런데 이제 그들은 나약한 세대가 아니라 자신의 일을 즐기는 세대로 바뀌어 있습니다. 예전에는 이를 악물고 자신을 희생하였지만 이제는 자신의 목표를 향해 즐거운 도전을 하고 있습니다. 금메달을 따도 눈물을 흘리지 않는 젊은이가 많아진 것도 즐거운 도전의 결과일 것입니다. 새로운 세대를 함부로 평가하기란 어려운 일이 된 것입니다.

스포츠뿐만 아니라 다른 분야에서도 새로운 세대들은 멋지게 자신의 인생을 설계하고 있습니다. 자유로움을 좋아하는 새로운 세대가 문화의 한류를 일으키고 그 주인공이 되어 있습니다. 게임에서도 온라인 게임시장을 석권하고 있습니다. 다양한 분야에서 놀라운 성과도 올리고 있는 것입니다. 젊은 세대를 걱정하고 있지만 그들은 자신의 일을 당차게 해내고 있는 것입니다.

기성세대들은 젊은 부부들이 아이를 키우는 것을 보면서 아이를 '참 버릇없이 키운다'고 말하기도 합니다. 그러나 어찌 보면 기존의 자녀교육보다 더 많은 사랑을 아이들에게 주고 있는 것도 맞습니다. 특히 아버지의 경우는 그럴 것입니다. 예전에는 지엄한 존재였던 아버지의 역할이 이제는 친구와 같은 아버지로 역할이 바뀌고 있습니다. 무엇이 좋다고 단정적으로 이야기하고자 하는 것은 아닙니다. 하지만 새로운 세대에 대한 이해가 깊어져야 할 것이라는 이야기입니다.

새로운 세대는 미주 지역 한인들에서도 쉽게 발견됩니다. 재미 한국학교 협의회에서 해마다 열리는 '나의 꿈 말하기 대회'를 가보세요. 세계 곳곳에서 모인 우리 아이들이 얼마나 아름다운 꿈을 꾸고 있는지 볼 수 있습니다. 참으로 감동적인 순간들입니다. 우리의 아이들이 얼마나 아름답게 자라고 있는지 느낄 수 있는 순간일 것입니다. 큰 꿈을 꾸면서도 주변을 따뜻하게 바라보고 경쟁이 끝난 후에는 서로 신나게 즐기는 모습에서 우리 아이들의 밝은 미래를 봅니다.

혼내는 것보다는 칭찬에 익숙한 아이들, 고통스러움보다는 즐거움에 익숙한 아이들, 자신의 미래보다는 주변에 대한 배려에 익숙한 아이들, 가족 간의 사랑에 익숙한 아이들이 새로운 시대를 열어갈 것입니다. 잘못 자라지 않게 잘 살피기는 해야 하겠지만 요즘 아이들이 잘 자랄 수 있도록 도와주고 북돋아 주는 기존의 세대들이 되기 바랍니다. 그래서 새로운 세대들이 우리가 만들었던 것보다 더 나은 세상을 만들어 낼 수 있었으면 하는 바람입니다.

맨날 술이야!
공감이 필요한 표현

'나는 가수다'라는 TV 프로그램에서 가수 윤민수와 장혜진이 불러서 인기가 더 좋아진 노래의 가사 '맨날 술이야'는 최근 두 가지 심의 결과의 문제를 담고 있어서 흥미롭습니다. 가사에 '술'을 쓰는 것은 괜찮은가요? '맨날'은 표준어인가요, 아닌가요?

장혜진이 다시 편곡해서 부른 이 노래를 여성가족부에서 청소년 유해 매체물로 지정하였다는 뉴스는 많은 사람들을 의아하게 했습니다. 노랫말이 청소년들에게 지대한 영향을 미치기 때문에 '술이나 담배'를 권하는 듯한 가사는 금지한다고 하는데 많은 대중의 공감을 얻지 못했습니다. 심의의 핵심은 공감입니다. 누구나 인정할 수 있는 결과를 보여주어야 하는 것입니다. 실제로 그러한 가사 때문에 청소년의 음주율이나 흡연율이 높아졌는지에 대한 조사도 있어야 할 것입니다. 단순히 그럴 것이라는 추측은 곤란하다는 생각이 듭니다. 공감을 못하기 때문에 대중들은 심의 결과를 받아들이려 하지 않는 것입니다. 개인적인 생각으로는 청소년 아이돌 가수들이 부르는 노랫말 중에 술이나 담배에 의존하는 듯한 내용이 있다면 그것은 막아야 하지 않을까 하는 생각이 있습니다. 굳이 청소년이 부르는 노랫말에 그런 가사를 싣는 것은 문제가 있겠다는 생각입니다. 노랫말에 대한 심의도 이러한 논란들을 거쳐서 옳게 자리를 잡을 것으로 기대합니다.

'맨날'을 컴퓨터에 쳐 보면 빨간 밑줄이 나옵니다. 그것은 이 단어가 표준어가 아니라는 의미입니다. 즉, '만날'이 표준어이기 때문에 '맨날'은 옳지 않은 표현이 됩니다. 많은 사람들이 '맨날'이라고 하지만 표준어 규정에서는 '만날'을 택하고 있었던 것입니다. 표준어는 보수적인 측면이 있어서 쉽게 바뀌지 않습니다. 그렇다고 하더라도 대부분의 사람이 쓰고 있는 말을 잘못된 말이라고 하면 어문규정에 관한 신뢰가 떨어지게 됩니다. 그런데 이번에 국립국어원에서는 '맨날'도 표준어로 인정하기로 하였다고 발표하였습니다.(이제 빨간 밑줄이 나오는 컴퓨터 프로그램을 바꾸어야 할 것 같습니다.) 국립국어원에서는 '맨날'을 비롯해서 39개의 어휘를 새로 표준어로 인정했습니다. 그런데 이번에 표준어로 인정한 어휘들을 보면 아마도 많은 사람들이 이게 표준어가 아니었었나 하고 의아해할 것입니다. '간지럽히다, 복숭아뼈, 쌉싸름하다, ~길래, 나래, 떨구다, 손주, 뜨락, 메꾸다, 먹거리, 어리숙하다, 택견, 짜장면' 등(전부 빨간 줄이 쳐졌습니다.)은 원래 표준어가 아니었던 말인데 이번에 표준어로 인정된 단어들입니다. 원래 표준어를 찾아서 써 보면 오히려 어색함을 느끼게 될 것입니다.

'자장면'의 경우는 대부분 표준어라고는 알고 있지만 그렇게 사용하지는 않았습니다. [자장면]으로 발음하는 사람이 오히려 지나치게 정확한 사람으로 취급받는 실정이었습니다. 대부분의 사람은 그냥 [짜장면]이라고 발음하는 것이 자연스러웠던 것입니다. 중국음식점에 전화해서 '자장면'을 달라고 하면 주인은 '짜장면이요?'하고 되묻습니다. 표준어와 실제 사용의 차이가 명확한 단어였던 것입니다. 물론 어문 규정이 빠르게 변하는 세상을 다 반영할 수는 없을 것입니다. 실제로는 그렇게 했을 때 더 많은 혼란이 오게 될 것입니다. 하지만 현실과 지나치게 멀어진 경우라면 좀 더 빠르게 심의를 하여 실생활을 반영하여야 할 것으로 생각됩니다.

　　심의는 시대의 상황을 반영하고, 시대의 공감을 드러냅니다. 노랫말과 표준어의 심의를 보면서 '공감'의 중요성을 더욱 느끼게 됩니다. 심의를 하는 사람들도 여러 사람의 의견에 귀를 기울인다면 많은 사람들이 수긍하는 결과를 얻게 될 것입니다.

새해가 밝다

밝은 것이 진리

'새해가 밝았습니다' 라는 말이 모든 방송을 통해 나옵니다. 그 때 나는 새삼스럽게도 '새해가 밝았구나!' 라는 생각을 하게 되었습니다. 새해는 단순히 오는 것이 아니라 밝게 우리에게 오고 있는 것입니다. 흐린 날도 있으련만 흐리게 오지 않습니다. 비가 오나 눈이 오나 언제나 밝게 새해는 우리에게 오는 것입니다.

밝은 새해를 맞으면서 지극히 평범한 진리를 다시 생각해 보게 됩니다. 어두웠던 밤이 지나면 밝은 날이 오는 것이 정상적입니다. 사람들이 1년을 '해'라고 표현하는 것에는 그런 의미도 있다는 생각이 듭니다. 사람이 사는 세상은 밝아야 한다는 것, 어두워서는 안 된다는 생각도 있을 것입니다. 사람은 슬퍼서는 안 된다는 것, 아파서도 안 된다는 것을 보여주는 것이라는 생각이 듭니다.

새해는 밝은 것이 정상입니다. 해가 떴는데도 어두우면 안 되는 것입니다. 내년(來年)을 한자로 명년(明年)이라고 하고, 내일(來日)을 명일(明日)이라고 하는 것에도 그러한 소망들이 담겨 있을 것입니다. 잠을 자면서 내일을 기다리는 것도 해가 뜨면 오늘보다는 더 나아질 것이라는 희망 때문일 겁니다. 자고 나면 괜찮아질 거라는 어른들의 말씀이 기가 막히게 맞은 적이 많지 않았던가요?

하지만 해가 뜨면 밝은 것이 당연한 일임에도 세상은 그리 돌아가지 않아서 걱정입니다. 친구가 친구를 괴롭히는 세상이 되었습니다. 그리고 그 괴로움에 부모보다 먼저 목숨을 버리는 세상이 되어 버렸습니다. 이들에게 새해는 밝지 않습니다. 늘 어둠 속일 것입니다. 여럿이 하나를 따돌리고, 놀리는 것이 얼마나 나쁜 일인지 모르는 아이들을 어떻게 가르쳐야 하나요? 친구만 욕하는 것이 아니라 그 부모까지 욕하는 아이들에게 부모가 왜 중요한지, 부모의 마음이 어떠한지 어떻게 알려 주어야 할까요? 참으로 답답합니다.

불쌍한 아이가 있으면 도와줄 생각을 않고 괴롭히는 아이들, 힘없는 아이에게 심부름을 시키는 아이들, 장애를 놀리는 아이들에게 어떤 세상을 보여주어야 할까요? 이런 세상은 해가 떠도 밝지 않은 비정상적인 세상, 아니 있을 수 없는 세상입니다. 자기 목숨을 버리는 사람들의 공통점은 내일이 오늘보다 나을 것이란 확신이 없다는 것입니다. 내일이 오늘 밤보다 밝을 것이라는 당연한 진리를 믿지 못하기 때문입니다. 올 한 해 세상은 밝은 곳이라는 평범한 진리를 믿을 수 있게 되기 바랍니다.

기를 살리다

잘할 것이라 믿는 것

부모님이 제일 싫어하는 자식의 모습은 아마도 한숨을 푹 쉬면서 기가 죽어 있는 모습일 것입니다. 어깨가 축 처져서 걷고 있는 자식의 모습만큼 '꼴 보기 싫은 것'도 없습니다. 그래서 부모님들은 어깨를 쫙 펴고 다니라고 말씀하셨고, 고개를 들고 다니라고 나무라기도 하셨습니다. 때로는 아이들의 기를 살려주기 위해서 과장된 칭찬을 하시기도 하였습니다. 기를 살리는 것이 중요했던 것입니다.

우리말에는 '기'와 관련된 표현들이 참 많습니다. 우리 몸속에는 '기'가 있어야 하며, 그 흐름이 자연스러워야 합니다. '기가 차다'와 '기가 막히다'가 서로 다른 뜻처럼 보이지만, 아주 좋을 때와 어이가 없을 때 쓰일 수 있다는 공통점도 있습니다. '기차게' 좋기도 하고, '기가 찰' 정도로 문제가 되기도 합니다. 마찬가지로 '기막히게' 좋기도 하고, '기가 막혀서' 말이 안 나오기도 하는 것입니다.

기가 없어지는 것을 '죽었다'고 표현하고 기가 잘 흐르는 것을 '살았다'고 표현하였습니다. 사람에게 기가 없는 것은 죽음이나 다름없는 것이었습니다. 기가 빠져나가는 것도 문제가 되는 것이었습니다. 어떤 일에 실수가 많은 사람에게 '기가 빠져서' 그렇다고 이야기하는 것도 기의 중요성을 보여줍니다. 특히 다른 사람의 경우에는 기를 살려주어야 하는 것이지, 기를 죽여서는 안 되는 것입니다. 기가 살면 어떤 일이든지 할 수 있습니다. 아이들은 할 수 없는 것처럼 보이는 일이라도 기가 살면, '기를 쓰고' 해 내곤 합니다. 그것이 기의 위력입니다.

기와 관련된 우리말에는 '김'이 있습니다. 보통 '김'은 밥을 지을 때 피어오르는 수증기를 의미하기도 합니다. 사실 '기'의 한자를 봐도 쌀 '미' 자가 안에 들어가 있습니다. 한자의 '기'도 쌀에서 피어오르는 기운에서 착안한 것으로 보입니다. 우리말의 '김'도 '기'와 비슷한 상황에서 쓰이는 경우가 있습니다. '김이 빠지다'나 '김이 새다'라는 말은 의욕이 사라진 것을 의미합니다. '김'이 차 있어야 하는 것입니다. 그런데 그 '김'은 맛있는 식사나 주변의 격려, 신뢰 등을 통해서 몸

구석구석에 피어올라야 하는 것입니다. 헛된 것에 의지한 '김'은 큰 문제가 됩니다. 술을 이용해서 기운을 높이려는 '술김'은 여러 후회들을 만들어 냅니다. 순간 끓어오르는 분노나 실망감을 참지 못하면 어떻게 될까요? '홧김'에 걷잡을 수 없는 일이 일어납니다.

    아이들이 잘한다고, 잘할 거라고 믿는 것은 무엇보다도 중요한 것 같습니다. 물론 '잘한다 잘한다', '오냐 오냐' 해서 생기는 문제도 있을 것입니다. 하지만 주로 우리에게 무한한 믿음을 보여주는 분들이 누구인가 생각해 보세요. 아마도 할머니, 할아버지가 첫 번째이고, 부모님이 두 번째일 것입니다. 자식의 가능성을 의심하지 말고 믿어주는 것이 중요합니다. 더 잘할 수 있다는 믿음, 언젠가는 바른 길로 돌아 올 것이라는 믿음이 우리의 아이들을 건강하게 만들 것입니다.

    저는 오랫동안 '미운 아이 떡 하나 더 준다'는 말이 이해가 안 갔습니다. 미운데 어떻게 더 칭찬하고, 잘 대해줄 수 있을까요? 떡을 하나 빼앗아도 시원치 않은데, 떡을 하나 더 주라니 쉽지 않은 일입니다. 하지만 당장은 미워도 언젠가는 잘하리라 믿기에 기를 살려주어야 하는 것이라는 생각을 하게 됩니다. 그래서 더 보살피고 기를 북돋아 주어야 하는 것입니다. 우리에게 깨달음을 준 선조들의 지혜가 놀랍습니다. 가만히 생각해 보니 나는 아이들을 믿고 있는지 반성이 됩니다. 생각해 보세요. 자식이 남인가요? 자식은 남이기도 하지만 그대로 내 모습이기도 하지 않은가요?

또 생각해 보세요. 학생은 남인가요? 친구의 자식은 남인가요? 주변의 아이들은 정녕 다 남인가요? 아이들이 잘못 했다고 회초리부터 드는 것이 정말 아이를 위하는 길인가요? 고민이 깊어지는 요즘입니다.

나쁘다와 밉다

같은 한자(漢字)

나쁘다와 밉다는 같은 글자입니다. 우리말에서가 아니라 한자어에서 그렇다는 이야기입니다. 한자의 나쁠 '악(惡)' 자는 미워할 '오' 자로 읽히기도 합니다. 즉 같은 글자에 두 가지 발음과 뜻이 있는 것입니다. 이렇게 한자어에는 같은 글자가 다른 소리, 다른 의미로 사용되는 경우가 있습니다. 이런 글자들을 전주 문자(轉注文字)라고 합니다. 그런데 이런 전주 문자는 왜 생겨난 것일까요?

한글은 소리글자이므로 같은 글자가 다른 발음이 된다는 것은 애당초 불가능합니다. 물론 같은 소리글자라고 하더라도 영어 같은 경우에는, 같은 철자를 다르게 발음하는 경우들도 나타납니다. 'read' 같은 경우는 두 가지로 발음할 수 있습니다. 앞의 한자어는 엄밀한 의미에서 보면 서로 전혀 다른 단어입니다. 단지 한자만 같을 뿐 소리도 의미도 모두 다르기 때문입니다.

하지만 이런 전주문자들은 우리에게 생각할 거리들을 줍니다. 왜 서로 다른 단어들을 한 글자로 표현하였던 것일까요? 예를 들어 '내릴 강(降)'과 '항복할 항'은 같은 글자 다른 발음, 다른 의미의 전주문자인데, 아마도 자신이 낮게 된다는 의미의 '내리다'와 '항복하다'가 원래 같은 단어였는데 분화하였을 가능성도 있습니다. 우리말의 '어리다'가 '어리석다'로 분화가 되거나 '슳다'가 '싫다'와 '슬프다'로 분화되는 예들을 생각해 볼 수 있습니다. 전주문자는 의미의 분화 과정에서 일어난 현상을 글자의 모양은 변화를 주지 않은 채 유지한 것으로 생각됩니다.

여기서 제가 주목하는 것은 두 의미의 연관성입니다. 원래는 하나의 의미였거나 서로 밀접한 관련성을 가진 의미였을 것이라는 추론이 가능하기 때문입니다. 다시 위의 예로 돌아가서 보면 '악하다'는 의미와 '미워하다'라는 의미는 어떤 연관성을 갖고 있을까요? 생각해 볼 수 있는 의미는 '나쁜 것, 악한 것은 미워해야 한다'는 것입니다. 우리 세상은 나쁜 것을 싫어하고, 나쁜 것을 하지 않으려고 노력만 해도 훨씬 아름다워질 것입니다. 우리는 얼마나 자주 악의 유혹에 넘어가는가요?

이런 전주 문자들을 앞에다 두고 여러 생각을 하고 있는 우리의 모습은 아름답습니다. 글자의 의미를 통해서 나의 삶을 돌아보고, 뼈저리게 반성하고, 나아갈 지표들을 찾는 것은 좋은 일입니다. 언어와 문자는 우리의 삶과 동떨어진 단순한 의사소통의 도구가 아니라 우리의 생활이고 사고입니다.

즐거울 '락(樂)' 자는 전주문자의 대표적인 글자입니다. 풍류, 음악이라고 할 때는 '악'으로 발음되고, 좋아한다는 의미로 쓰일 때는 '요'로 발음됩니다. 그래서 산과 물을 좋아한다고 할 때, 요산요수(樂山樂水)라고 발음해야 하는 것입니다. '즐겁다'와 '음악', 그리고 '좋아하다'의 세 의미는 서로 어떤 관련성을 갖고 있을까요? 그리고 우리의 삶에 어떤 깨달음을 주고 있는 것일까요? 궁금증을 안겨 드려 봅니다.

나누다

모두에게 좋은 것

....

어느 날 수학의 용어를 보다가 '나누기'라는 어휘에서 마음이 머무르게 되었습니다. '나누기'는 어떤 것을 작은 것으로 쪼개는 것을 의미합니다. 당연히 크기는 작아지고, 숫자는 많아지게 됩니다. 그런 의미에서 보면 나누기는 매력 적입니다. 줄어들기만 할 뿐 많아지지는 않는 '빼기'와는 차이가 있는 셈법인 것입니다. 기쁨은 나누면 배가 되고, 슬픔은 나누면 반이 된다는 말은 나눔이 수학적인 것에만 머무르지 않는다는 것을 보여줍니다. 그리고 어쩌면 수학이 아닐 때 나누기가 오히려 빛을 발할 것입니다.

특히 우리말에서 '나누는' 것은 참으로 따뜻합니다. 이야기를 하는 것과 이야기를 나누는 것을 생각해 보세요. 정을 주는 것과 정을 나누는 것을 생각해 보세요. 우리말에서 나누는 것은 줄어드는 것이 아닙니다. 이야기를 나누면 갈라지는 것이 아니라 소통이 되는 것입니다. 이야기를 나누면서 서로의 이해가 깊어지고, 서로를 알아가게 되는 것입니다. '말씀들 나누세요'라는 표현에서 '말'은 서로 나누는 것이라는 평범한 진리를 깨닫게 됩니다. 말은 혼자 하는 것이 아닙니다. 상대가 필요한 것입니다.

정을 나누는 것도 마찬가지입니다. 정을 나누면 서로의 감정이 통하게 됩니다. 감정을 나누는 것이지만 실제로는 서로의 감정이 하나라는 사실을 깨닫게 되는 과정입니다. 우리는 자신의 감정을 들여다볼 필요가 있습니다. 내가 왜 화가 났는지, 왜 기쁜지, 왜 슬픈지, 왜 즐거운지 가만히 들여다보아야 합니다. 마찬가지로 다른 이들의 감정도 들여다보려고 노력해야 합니다. 자신의 감정에 비추어 다른 이의 감정을 이해하는 것. 그래서 서로 슬퍼하고, 서로 기뻐하게 되는 것이 정을 나누는 것입니다. 자신 안에 머물러 있는 정을 서로에게 전달하는 것입니다. 사실 우리는 이렇게 감정이 서로 통하기 때문에 살아가는 것입니다.

이렇게 이야기를 나누고 정을 나누다 보면 또 다른 나눔이 시작됩니다. 그것은 물질의 나눔입니다. 이야기를 나누다 보면 서로의 처지를 알게 되고, 고통을 알게 됩니다.

정을 나누다 보면, 상대방의 고통이 그대로 내 아픔이 됩니다. 당연히 아픔을 덜어주고 싶은 마음이 생기게 될 것입니다. 나눔이 많은 곳에서는 미움이나 증오, 멸시 등도 사라지게 될 것입니다.

수십 년 전에 비해서 이 세상이 가진 것은 참으로 많아졌습니다. 경제의 규모를 생각해 보면 상전벽해(桑田碧海)의 상황이 아닐 수 없습니다. 이제는 음식이 너무 많아서 걱정인 사람들이 많습니다. 어떻게든지 먹지 않으려고 노력하는 사람도 많습니다. 다이어트와 관련된 제품이면 무조건 빅히트입니다. 음식이 남아돌아갑니다. 하지만 여전히 굶는 사람들이 있다는 것은 슬픈 아이러니가 아닐 수 없습니다. 가까이에도 굶는 아이들이 있고, 북한의 동포들이 있고, 아프리카를 비롯한 참혹한 땅들이 있습니다. 한쪽에서는 버리고, 또 버리고, 다른 쪽에서는 굶고, 또 굶는 현실. 모두 나눔의 문제입니다.

나눔은 모두에게 좋은 것입니다. 모두가 서로를 고맙게 생각하게 만드는 일입니다. 나누어주는 사람도 나누는 그 순간이 행복하고, 받는 이도 나눔의 시간은 고마운 순간입니다. 또한 나눔은 전염성도 강합니다. 나눔은 좋은 일이기 때문입니다.

우리말의 나눔이라는 말처럼 서로 마음의 이야기도 나누고, 따뜻한 정도 나누고, 내가 가진 작은 물질이라도 서로 나눌 수 있는 세상이 되기 바랍니다. 그게 우리말이 보여 주는 나누기의 세계입니다.

못살다

가치 없이 사는 것

우리는 못사는 사람과 잘사는 사람을 경제적으로만 구별하려고 합니다. 하지만 우리말은 전혀 다른 세계를 보여 주고 있습니다. '못살다'라는 말은 두 가지 뜻이 있습니다. '내가 너 때문에 못살아!'라고 이야기할 때는 '죽을 것 같다'는 뜻이 되죠. 당연히 살 수가 없다는 뜻입니다. 그런 의미에서 본다면 다른 사람을 '못살게 구는' 행위는 참 나쁩니다. 죽고 싶게 만드는 것이기 때문입니다. 주변 사람에게 사는 맛이 없게 만드는 사람은 큰 죄를 짓는 사람입니다. 사람들이 살맛나는 세상을 만들기 위해서 애쓰는 것은 그런 의미에서 아름다운 일이 됩니다.

'못살다'는 일반적으로 경제적인 지위가 낮은 경우를 가리킬 때도 사용합니다. 하지만 생각해 보면 '못사는' 것은 무척이나 상대적인 개념임을 알 수 있습니다. 못사는 나라에서는 조금 못사는 사람이 아주 못사는 사람에 비해서 잘사는 사람이 됩니다. 학교에서도 마찬가지고, 마을에서도 마찬가지죠. 나보다 못사는 사람이 많으면 나는 잘사는 사람이 되는 것입니다. 그렇게 보면 잘살기가 어려운 일이 아닙니다. 그냥 못사는 사람이 많은 곳으로 이사를 가면 되는 겁니다. 어떤 곳에서는 하루 세 끼만 꼬박꼬박 먹어도 잘사는 게 되기도 합니다.

제가 주목하는 '못사는 사람'은 다른 의미와 관련이 됩니다. 경제적으로 못사는 것이야 상대적인 것이지만 세상을 못사는 것은 자신의 가치와 관련이 되는 것입니다. 사람이 사람 구실을 못하면 못사는 것이죠. 우리는 '세상을 잘못 살았다'는 말을 하곤 합니다. 자신의 배는 부르게 살았는데 형제자매의 배가 고팠다면, 나는 잘사는 것이 아니죠. 부모님께 좋은 자식이 되지 못하고, 자식에게 좋은 부모가 되지 못했다면 잘 살아온 것이 아닙니다.

세상은 경제적으로 풍요로워지고 있습니다. 예전에 비해서는 우린 정말 '잘살고' 있습니다. 그런데도 나보다 잘사는 사람들과 나를 비교하면서 생긴 불만족이 우리를 괜히 더 비참하게 만들고 있습니다. 또한 경제적으로 풍요롭더라도 주변의 가난한 이들을 돌아보지 않는다면 그 역시 '잘살 았다'고 칭찬 받을 수 없을 겁니다.

　　　잘산다고 하는 것은 경제적으로 따지는 것도 중요하 지만, 가치로 따지는 부분이 훨씬 중요한 것 같습니다. 저는 주변 사람들과의 관계를 보면서 늘 묻습니다. 나는 잘살고 있는가? 내 배부름이 다른 이의 고통에 눈 감아서 생긴 것 이라면 늘 후회로 남을 겁니다. 내 웃음이 다른 이의 울음 을 외면하고 얻은 것이라면 저는 그저 헛된 웃음 속에서 깔 깔대고 산 것입니다.

　　　요즘에 친척들을 만나면서 내가 '못사는 사람'이라는 생각이 들었습니다. 바쁘다는 핑계로, 세상이 바뀌었다는 핑계로 우리는 사람노릇을 못 합니다. 어른들에게 인사도 제대로 못하고, 조카들에게 따뜻한 말도 못 건넵니다. 사촌 중에 얼굴도 이름도 모르는 사람이 많아졌습니다. 오촌은 이제 완전히 남입니다. 정말 어쩔 수 없는 걸까요? 점점 아 이를 적게 낳고 있으니 사촌이나 오촌도 몇 명 안 되고 정말 가까운 사람일 겁니다. 하지만 심리적 거리는 예전보다 훨씬 멀어졌습니다. '당숙'이 무슨 뜻인지 아이들은 알까요? 불러 본 적은 있을까요? 길에서 만나면 인사도 못할 사이가 되 어 버렸습니다. 물론 친척에게만 잘하자는 이야기는 아닙니다. 하지만 '수신제가(修身齊家)'라는 말처럼 주변의 가족이나 친척에게 우선 '사람구실'을 하는 것이 중요하다는 생각이 듭니다.

　　잘살고 못사는 것은 가치의 문제입니다. 스스로를 돌이켜봐서 부끄러움이 없어야 하는 것입니다. 그런 의미에서라면 정말 잘살고 싶습니다. 우리 가족도, 이 사회도 모두 살맛나는 세상이 되기 바랍니다. 그러기 위해서 내가 할 수 있는 일을 시작하고 싶습니다. '잘 먹고 잘산다'는 말도 단순히 배부르고 부자로 산다는 말이 아닐 겁니다. 우리 모두 건강하고 의미 있게 잘 살자는 의미일 겁니다.

ature)
문화(文化)

평화의 다른 말

문화라는 말에 갑자기 관심이 생기게 된 것은 문화의 한자를 보면서부터입니다. 21세기는 '문화의 세기'라는 말을 들으면서도 문화에 해당하는 한자에 대해서는 관심이 없었습니다. 저는 어떤 어휘에 대해서 무관심하게 넘어갔다는 것을 뒤늦게 깨달았을 때, 부끄러움을 느낍니다.

사실 문화라는 단어를 언제부터 누가 썼는지에 대해서는 아직도 찾지 못한 상태인데, 글을 쓴다는 것은 좀 부정확한 측면이 있고, 주관적인 느낌이 있습니다. 하지만 오히려 문화에 대한 생각을 정리할 수 있을 것이라는 기대에 글을 써 봅니다.

문화라는 말은 영어의 'Culture'를 번역한 말로 알려져 있습니다. 영어 단어에서는 '경작하다, 교양' 등의 단어가 문화의 의미를 갖게 된 것으로 보입니다. 영어에서 보면 문화는 자연 상태가 아닌 것이라는 느낌이 강하고, 무언가 우아한 느낌을 주고 있는 듯합니다. 그래서 우리는 문화생활이라고 하면 미술을 감상하거나 클래식한 음악을 듣는 것이라고 생각하며, 문화인이라고 하면 교양이 있는 사람을 떠올리게 됩니다. 원시 문화라는 말을 하기도 하지만 어쨌든 완전한 자연 상태를 문화라고 하지는 않습니다.

그런데 문화의 한자가 글월 문(文)과 될 화(化)로 이루어졌다는 점은 또 다른 상상을 하게 합니다. 문화는 글자 그대로 '글로 하자는 것'입니다. 다른 말로 바꾼다면 '말로 하자는 것'입니다. 우리가 '말로 해라'라고 표현할 때 그 속에 담긴 뜻은 폭력을 사용해서는 안 된다는 것입니다. 이러한 관점에서 본다면 '전쟁 문화'라는 말만큼 어색한 조합이 없을 것입니다. 자연의 상태에서라면 기분 나쁘면 서로 치고받고, 물어뜯을 수도 있을 것입니다. 하지만 문화는 그런 게 아닙니다.

그런 의미에서 본다면 문화는 평화입니다. 다툼이 있는 곳에서 흐르는 음악은 평화의 선율이 될 것입니다. 전쟁을 없애야 한다고 목 놓아 이야기하는 종교는 가장 문화적인 것일 수밖에 없습니다. 전쟁을 옹호하는 종교는 문화가 아닙니다. '십자군'이라는 표현만큼 모순되는 말도 없습니다. 사형을 옹호하는 종교는 문화가 아닙니다. 문화는 피를 마시고 자라지 않기 때문입니다.

문화생활을 한다는 것은 내 속에 있는 분노를 사그라뜨리고 용서를 깊게 만드는 일입니다. 음악을 들으면서, 미술을 감상하면서, 여행을 다니면서, 영화를 보면서 문화의 참 의미를 이해했으면 합니다. 다른 사람의 문화, 다른 민족의 문화를 이해한다는 것은 문화의 차이에 의한 다툼을 더 이상 계속하지 않겠다는 의미입니다. 21세기가 문화의 세기라고 한다면 서로를 이해하고, 서로를 존중해 주고, 모두가 잘 되기를 바라는 마음도 자라나야 하는 것입니다.

정보(情報)

감정이 아는 것

일본의 니가타 국제정보대학의 특강을 준비하면서 계속 머릿속을 떠나지 않고 있는 문제는 '정보'의 의미였습니다. 대학 이름에 정보가 들어가는 것을 보고, 정보의 한자를 눈여겨보게 되었는데, 예상과 달리 '정(情)'이라는 한자가 사용되고 있는 것이 눈에 띄었습니다. 정보(情報)는 서양어 'information'을 번역한 것으로 보입니다. 그런데 보통 정보 하면 많은 지식을 아는 것을 의미하는 것 같은데, 지식을 알린다고 하지 않고 정(情)을 알린다고 한 것이 흥미로웠습니다. 왜 정, 즉 감정을 알린다고 하였을까요?

우리는 감정을 과학의 반대로 생각하는 경향이 있습니다. 아마도 그래서 정을 알리는 것에 대해서 부정적인 느낌이 들었을 것입니다. 하지만 감정은 과학의 반대가 아닙니다. 사실 우리에게는 감정을 알리는 것, 감정을 아는 것이 중요합니다. 감정적이라고 하면 이성적의 반대처럼 이야기하지만 이것도 잘못된 것입니다. 가장 감정적인 것이 가장 이성적인 것입니다. 감정을 벗어나는 순간 우리는 이기적이 됩니다. 우리의 감정은 무엇이 옳은 일인지를 잘 알고 있습니다. 옳지 않은 일을 하면 마음이 불편합니다. 불쌍한 이는 도와야 합니다. 배고픈 이에게는 밥을 주어야 하고 아픈 이는 치료해 줘야 합니다. 이런 일들을 외면한다면 내 감정은 불편할 수밖에 없습니다. 정은 모든 이가 행복한 것입니다. 그것을 알게 되는 것이 정보라는 생각이 듭니다.

보(報)에 해당하는 한자도 흥미롭습니다. 다행의 '행(幸)'자가 포함된 글자인데, 알리는 것도 행복한 것을 알려야겠다는 생각이 담겨 있는 것으로 보입니다. 알면 좋은 것, 알면 행복해지는 것이 정보가 아닌가 하는 생각을 더 강하게 만들어 주는 한자입니다. 생각해 보면 우리가 알려고 하는 정보가 나와 남을 불편하게 만드는 것이 많습니다. 몰라도 되는 정보도 너무나 많기 때문입니다. 다른 사람에 대한 험담은 정보가 아닙니다. 다른 이의 약점을 많이 아는 것이 어떻게 정보가 될 수 있을까요? 하지만 요즘에 그런 것을 정보라고 부르는 세상이 되어 버렸습니다. '정보의 홍수'라는 말에는 쓸데없는 정보가 많다는 의미가 들어있습니다.

정보라는 말의 의미를 생각해 보면 내 감정이 아는 것이 정보를 받아들이는 방법이라는 것을 알 수 있습니다. 정보는 어떤 일을 보고, 들으면서 그것을 우리 감정에 비추어 해석하는 것입니다. 그리고 행동하는 것입니다.

뉴스를 보고 지구 건너편에서 일어나는 수많은 사건 사고를 보면서 그저 그런 일이 있었구나 하고 알기만 한다면 정보화 사회가 아닐 겁니다. 정보화 사회를 지식 기반 사회처럼 인식하는 경향이 있는데 제 생각에는 단순히 지식이 많아지는 것은 정보화 사회가 아닙니다. 정보화 사회는 그런 뉴스를 보면서 가슴이 아프고, 내가 해야 할 일을 생각해 보아야 하는 것입니다. 우리 사회가 정을 소중하게 생각하는 진정한 의미의 정보화 사회가 된다면 세상은 더욱 아름다워질 것으로 확신합니다.

핵주먹

폭력에 길들여진 말

생각해 보면 우리는 폭력에 길들여져 있습니다. 요즘 아이들을 보면 좀 덜 한 것 같기는 한데, 어릴 때 우리는 장난감으로 탱크, 군함, 전투기를 가지고 놀았고, 친구들과 칼싸움을 하고 놀았습니다. 집에 장난감 활도 있었고, 총도 몇 자루씩 있었습니다. 누구를 죽이는 것이 당연했고, 전쟁이 재미있었습니다. 친구들과 편을 갈라 전쟁놀이를 하곤 했는데 참 무시무시한 광경이 아닐 수 없습니다. 아이들의 장래희망 중 '장군'이 늘 앞 순위를 차지하였고, 존경하는 위인에도 이순신 장군이나 맥아더 장군이 늘 앞에 있었습니다. 한국 위인전 전집에도 '을지문덕, 연개소문, 김유신, 강감찬, 남이, 권율' 등이 줄을 이었죠.

요즘 우리가 주로 사용하는 표현을 봐도 우리는 폭

력에 아무 저항 없이 둘러싸여 있습니다. 늘 공격하고 방어한다는 이야기를 입에 달고 삽니다. 스포츠 경기는 완전 전쟁판이죠. 경기에서는 맹폭격을 하고, 투수는 '폭격기'나 '잠수함'의 별명이 자랑스럽습니다. '난타를 당했다'고 이야기하고, '융단폭격'을 맞았다고 표현합니다. '핵주먹'이라는 표현이 아무렇지 않게 쓰입니다. '핵'이 장난인가요? 초토화되었다는 말이 쉽게 나오는가요? 전멸하였다는 말이 자랑스러운가요? 우리는 무자비한 표현들을 거리낌 없이 사용하고 있는 것입니다.

아이들이 주로 하는 게임은 어떤가요? 비행기 전투의 모습부터 칼로 상대를 베는 것까지 폭력은 좀 더 실감나게 표현되고 있습니다. 종종 상대가 외계인이거나 괴물인 경우도 있지만 그렇다고 해서 폭력이 정당화되는 것은 아닙니다. 아이들이 하는 게임들을 들여다보면 옛날 전쟁놀이는 그야말로 양반입니다. 우리는 죽이는 시늉만 했는데 이제는 죽는 모습, 폭발하는 모습을 실제처럼 보여줍니다.

폭력 게임에서 피가 튀면 성인 등급이고, 피가 튀는 모습을 삭제하면 청소년도 사용할 수 있게 하는 경우도 있습니다. 아이들도 폭력 게임에 무분별하게 노출되어 있습니다. 아니 정확하게 말하자면 아이들을 꼬드겨 폭력으로 몰아가고 있는 것입니다. 그런 게임이 돈이 된답니다. 아이들은 게임에서 주인공이 되어 수많은 적을 죽입니다. 잔인하게. 하지만 문제가 되지 않습니다. 왜냐하면 주인공은 착한 사람이고 죽은 놈들은 악당이기 때문입니다. 그런데 악당은 정말 죽여도 괜찮은 것인가요? 아이들에게 악당은 죽이라고 가르칠 건가요? 가치관이 엉망으로 되어 버렸습니다.

영화나 드라마는 어떤가요? 저는 개인적으로 영화의 리얼리티를 좋아하지 않습니다. 아무리 사실적으로 재현한다고 해도 굳이 칼에 목이 잘려 나가는 모습, 도끼에 살점이 떨어져 나가는 모습, 포탄에 팔이 너덜거리게 되는 모습을 다 그대로 보여주어야 할까요? 인기 많은 한국 영화 중에도 그런 장면이 아무렇지 않게 나옵니다.

어른들은 아이들이 폭력적이라고 말합니다. 하지만 사실은 우리를 둘러싸고 있는 세상이 폭력적인 것입니다. 우리도 잘 모르는 새 폭력 속에서 길들여져 살고 있습니다. 세상이 평화롭기 바란다면, 아이들이 서로를 용서하는 아이로 자라기 바란다면 우리 주변의 폭력적인 모습을 조금씩이라도 걷어내야 할 겁니다. 내가 사용하는 언어 표현도, 우리가 보는 영화도, 아이들이 하는 게임도 관찰하여야 합니다. 그리고 바꾸어야 합니다. 사랑에, 평화에 길들여지는 우리를 기대해 봅니다.

| 제4부 |

한국어를 가르치며

학자(學者) | -답다 | 스승 | 선생님의 눈물 | 순례(巡禮) | 번역(飜譯) | 강의(講義) | 학습(學習) | 한글날
뿌리 교육 | 재외동포 한국어 전문가 | 포대기로 키운 아기 | 아버지가 한국어를 배우는 이유
참전의 기억 | 일본에 부는 한국어 바람 | 인도네시아의 한국어 풍경 | 망향의 그리움
한국어가 제일 쉬운 언어 | 한글 수출 | 선생님에게 필요한 책들 | 한류와 한국어 | 한류의 조건

학자(學者)

늘 배우는 사람

저는 선생 일을 하고 있습니다. 경상도 지역에서는 선생질이라고도 합니다. 처음에 들을 때는 선생을 낮추어 이야기하는 것 같았지만 그냥 선생이 하는 일을 표현하는 것임도 알게 되었습니다. 교수나 교사라는 단어를 살펴보면 가르친다는 의미의 '교(敎)'자가 들어있습니다. 가르치는 사람이라는 뜻입니다. 잘 가르친다는 것은 참으로 어려운 일입니다. 선생 일이 어려운 것은 바로 좋은 선생님이 되기 어렵다는 데 있을 것입니다.

저는 선생의 조건으로 학자가 되어야 한다는 이야기를 하고 싶습니다. 우리는 학자라고 하면 매우 거창하게 생각하는 경향이 있습니다. 심각한 연구 성과를 내어야 할 것 같은 강박관념에 빠지기도 합니다. 하지만 학자라는 단어를 보면 반성이 생깁니다. 학자는 그야말로 배우는 사람이 아닌가요? 어쩌면 학생과 마찬가지로 배우기에 열중하는 사람이 학자라는 생각이 듭니다. 학생들은 학교를 다닐 때만 배우려고 하지만, 학자라는 사람들은 평생을 끊임없이 묻고 배우는 사람들입니다.

그런 면에서 보면 교사나 교수의 명칭보다는 '학자'라는 명칭이 부담이 적습니다. 모르는 것이 있으면 묻고, 좋은 선생님이 있다면 찾아가 배우기만 하면 되는 것입니다. 우리 눈앞에는 좋은 책도 많고, 좋은 방송 프로그램도 많고, 따라가고 싶은 스승들도 많습니다. 단지 우리가 게을러 우리 눈에 보이지 않을 뿐입니다.

하지만 생각해 보면 가장 배우는 데 적극적이지 않은 사람들도 선생이 아닌가 합니다. 물론 열심히 공부는 할 것입니다. 가르치기 위한 준비는 철저히 하려고 할 것입니다. 그렇지만 주변의 동료들이나 주변의 선생님들께는 그다지 물으려 하지 않습니다. 자기의 벽에 갇혀서 자신의 벽을 높이 쌓는 데는 관심이 있지만 내 벽에 문을 만들고 창을 내어 다른 사람들의 지혜를 적극적으로 받아들이는 데는 소홀한 느낌입니다.

대학에는 많은 분야의 교수들이 있습니다. 각 분야

에서는 전문적인 지식을 가진 사람들입니다. 그러나 교수들 간의 학문적 교류는 부족합니다. 서로에게 적극적으로 묻는 경우도 드뭅니다. 예전에는 저녁에 대폿잔을 기울이면서 서로의 학문을 듣고 자신의 부족함을 채우기도 하였는데, 이제는 그러한 모습도 찾기 어렵습니다.

　　교수뿐만이 아니라 많은 분들이 우리에게 가르침을 줄 수 있습니다. 성직자들도 우리에게 큰 가르침을 줄 것이고, 연륜이 있으신 어르신들도 우리에게 깊은 깨달음을 줄 수 있습니다. 배우려고 하는 마음만 있다면 배울 곳은 너무나도 많습니다. 배울 때도 편식을 하여서는 안 될 것입니다. 단순히 자신을 강화하기 위한 배움이어서는 부족하다는 말입니다.

　　학자라는 단어를 볼 때마다 반성이 생깁니다. 학문이라는 단어를 볼 때도 부끄러운 마음이 큽니다. 학문의 의미도 배우고 묻는다는 뜻이기 때문입니다. 배우려고 하지 않고, 물으려고 하지 않으면 학문을 하는 사람이 아닙니다. 선생 일을 하는 사람들뿐만 아니라 세상을 살아가는 모든 사람들은 학자가 될 필요가 있습니다. 오늘 저는 스스로에게 묻습니다. 오늘은 누구에게 얼마만큼 배웠는가?

-답다

가장 좋은 칭찬

얼마 전의 일입니다. 건강 검진 때문에 학교 병원에 갔었습니다. 진료하시는 의사분이나 간호사분들이 모두 친절하셔서 기분이 좋았습니다. 한국의 병원이 점점 친절해져 간다는 생각이 듭니다. 원래 그랬어야 했겠지만 지금이라도 친절해지는 것은 좋은 일입니다. 의사가 무서운 얼굴을 하고, 잘 설명해주지 않는 태도를 보이는 것은 환자를 불안하게 만듭니다.

진료하는 젊은 레지던트에게 경희의료원에서 근무하시는 어떤 의사 선생님에 대해서 아는지 물었습니다. 평소에 나와 가까운 분이어서 친분을 슬쩍 과시하고픈 마음도 있었습니다. 그런데 그 젊은 의사의 대답이 저한테 깊게 다가왔습니다. "아, 저희 선생님이세요. 그 분은 정말 의사이십니다."

'정말 의사라고? 아니 그렇다면 다른 분들은 가짜 의사라도 된다는 말인가?' 사실 의사에게는 '의사'라는 말이 가장 큰 칭찬이 되는 것입니다. 그 분은 돈이나 지위나 그 무엇보다도 환자를 소중하게 여기고 있는 분이라는 것이 고스란히 느껴졌습니다. 의사다운 의사인 것입니다.

학생은 학생답다는 말이 칭찬입니다. 아이는 아이다운 것이 좋은 것입니다. 세상이 많이 바뀌었지만, 그래도 여자는 여자다워야 하고, 남자는 남자다워야 합니다. 우리말에서 가장 어색한 단어 중의 하나가 '꽃미남'입니다. 사실 '꽃'과 '미남'은 어울리는 단어들이 아닙니다. 아무튼 시대가 바뀌어 이제는 꽃미남이 못 되어서 안달입니다.

역사를 돌이켜 보면 왕이 왕답지 못해서 문제가 일어났고, 군인이 군인답지 않아서 문제가 발생했고, 종교인이 종교인답지 못하여 세상이 어두워졌습니다. 요즘도 정치가다운 정치가, 공무원다운 공무원, 기업가다운 기업가들이 그리워집니다. 늘 '답게' 사는 것은 쉬운 일이 아닌 것 같습니다.

선생은 선생다운 것이 좋은 것입니다. 선생에게 가장 큰 칭찬은 "그 분은 정말 선생님이십니다."라는 말일 것입니다. 그 말 속에는 여러 가지 의미가 담겨있습니다. 아마 설명하지 않아도 모두 느낄 수 있을 것입니다. 어쩌면 여러분 중에는 그런 선생님들이 눈에 떠오르는 이도 있을 것입니다. 그런 사람들은 행복한 사람들입니다. 좋은 선생님을 만나는 것은 큰 행복입니다.

    선생 일을 하고 있는 저로서는 이러한 이야기가 기쁘지만은 않습니다. 스스로에게 묻습니다. '나는 정말 선생인가? 다른 사람들에게 그런 이야기를 들을 만한가?' 그 무엇보다도, 그 어떤 일보다도 학생을 우선적으로 생각하는 선생다운 선생이 되고 싶습니다.

스승

늘 찾아야 하는 분

미국에서 초·중·고등학교 선생님이나 대학교수를 만나서 이야기를 하다 보면 대부분 진정한 제자를 만나기가 어렵다고 합니다. 학교를 다니는 동안은 제자들이 아주 친한 것 같고 다정한 것 같기도 한데 학교를 마치면 관계가 거의 끊어진다고 아쉬워합니다.

학생들에게 물어봐도 비슷한 대답을 얻을 수 있었습니다. 졸업 후나 그 수업을 들은 이후에는 거의 연락을 하지 않는다는 대답이었습니다. 심한 경우에는 연락을 하면 그 선생님이 귀찮아하실 거라는 대답도 있었습니다. 참으로 안타까운 일입니다. 어쩌면 학교 선생님들 중에 한 분이라도 기억하고 만날 수 있는 스승이 있다면 행복한 일이라는 생각도 하게 됩니다.

스승이라는 단어는 예전에는 무당의 의미도 가지고

있었습니다. 요즘과 같은 무당이 아니라 제사장과 같은 존재였던 것입니다. 옛날의 제사장은 백성의 아픈 마음도 병든 몸도 고쳐 주었고 하늘에 우리의 소망을 전해주기도 하였습니다. 스승은 그런 존재여야 한다는 생각입니다.

　　　제자의 아픔을 자신의 아픔처럼 생각하고 제자의 어긋나는 모습을 바로 잡아주는 엄한 모습도 있어야 하는 것입니다. 또한 제자에게 삶의 길도 보여줄 수 있는 사람이 되어야 할 것입니다. 요즘처럼 세상이 각박해지고 물질주의적으로 변해갈수록 모든 사람이 스승을 찾는 노력을 게을리 해서는 안 될 것입니다.

　　　스승은 학생 때만 찾는 것이 아니고 평생을 살면서 찾아야 하는 분입니다. 옛날이야기를 보면 스승을 찾으러 다니는 많은 사람들의 이야기가 나옵니다. 좋은 스승을 만나기를 기다리지 말고 내 인생의 길을 보여주고 내 막힌 생각에 죽비를 내리쳐 주실 스승을 찾기 위해서 노력을 하여야 하는 것입니다.

　　　하지만 이제는 스승을 찾기도 참 어려운 세상이 되었습니다. 아마 예수님이나 부처님이나 공자님이 눈앞에 나타나신다 하여도 쉽게 스승으로 모시지 못할 것이라는 생각이 듭니다. 우리는 이미 내가 누리고 있는 생활에 익숙해져 있고 자기 나름대로의 논리로 꽁꽁 무장도 되어 있습니다. 스승을 찾기는커녕 스승의 빈틈을 찾으려 합니다. 스승의 말을 무조건 믿어서는 안 된다는 말을 스승을 믿지 말라는 말로 재해석을 해냅니다. 스승과 제자 사이에는 무한한 신뢰가 있어야 합니다.

깨닫지도 아니하고 깨달은 척하는 사람을 스승으로 섬기는 일은 참으로 위험한 일입니다. 나에게 지식을 주는 사람이 아니라 진정한 삶의 깨달음을 줄 수 있는 스승들을 만나시기 바랍니다. 찾으시기 바랍니다. 이 세상에는 좋은 스승들이 많이 있을 거라 생각합니다. 잘못된 사람들을 만난 후 스승 찾기를 포기한다면 그것은 슬픈 일입니다.

제게 언어와 문화에 대해서 새로운 시각을 열어주셨던 대학 시절의 스승께서 세상을 떠나셨습니다. 마지막을 지켜드리지 못한 아쉬움이 큽니다. 하지만 선생님의 가르침은 영원히 제 삶의 원동력이 될 것입니다. 그리고 저는 미국에 연구년을 와 있는 동안 또 한 분의 스승을 만났습니다. 참으로 행복하고 소중한 1년을 보냈습니다. 앞으로 남은 삶을 살면서 선생님의 가르침을 기억하고 더 좋은 제자가 되기 위해서 노력할 것입니다. 깨달음의 시간이 될 것입니다. 스승을 찾는 일은 가슴 벅찬 기쁨입니다.

선생님의 눈물

아픔 또는 그리움

선생님들은 잘 울지 않습니다. 생각해 보면 선생님께서 우시는 모습을 본 적이 별로 없는 것 같습니다. 선생님께서 눈물을 흘리는 모습은 제자의 기억 속에 오랫동안 남아 있게 됩니다. 때로는 아픔으로, 때로는 그리움으로. 저는 은사이신 서정범 선생님이 보이신 두 번의 눈물을 기억합니다.

처음은 선생님께서 필생의 작업으로 해 오시던 '국어 어원사전'이라는 책을 출간하셨을 때입니다. 선생님은 우리말의 어원을 밝히기 위해서 전국 방방곡곡에 자료를 수집하러 다니셨고, 섬도 수 십 차례 답사하셨습니다. 교통도 좋지 않은 시절에 그 열정은 정말로 대단하신 것이었습니다. 언어에 대한 고대인의 사고를 알아보시기 위하여 수없이 많은 무속인들도 만나셨습니다. 그들을 통해 언어를 바라보는 옛 사람들의 생각들을 찾아내셨습니다. 우리말의 뿌리를 찾기 위해서 바이칼 호수에서부터 일본 오키나와까지 여러 차례 답사를 다니시기도 하였습니다. 요즘 사람들은 공부를 머리로만 하는 경향이 있습니다. 학문마다 차이가 있겠지만 공부는 다리로 해야 정직한 것이라는 생각이 듭니다. 직접 가서 보고, 듣고, 느끼고, 정리하는 것만큼 정확한 것은 없을 것입니다. 선생님께서는 그 오랜 시간 자료를 수집하여 쓰신 이 책을 출간하시면서 '살아서 이 책을 출간하지 못할 줄 아셨다'면서 눈물을 쏟으셨습니다. 선생님의 학문에 대한 열정과 그간의 수고가 고스란히 느껴졌습니다. 아직도 선생님의 눈물은 제 가슴속에 있습니다. 저도 언젠가는 선생님 같은 눈물을 흘리고 싶습니다.

두 번째 선생님의 눈물은 TV를 통해서였습니다. 선생님의 수필에는 '나비'가 참 많이 나옵니다. 선생님의 어머님께서 태몽으로 나비 꿈을 꾸셨다고 하는데, 선생님의 수필에서는 나비가 어머님에 대한 그리움이 됩니다. 부모님을 북에 두고 홀로 남하하셨기에 '나비'에는 한이 담겨 있기도 합니다. 나비 이야기 중에서 가장 가슴 아픈 글은 '노랑나비'라는 글입니다. 선생님께서 연로해지시자 생사를 모르는 부모님을 위해 제사를 지내드리지 못한 것이 무척 마음 아프셨다고 합니다. 그래서 선생님은 어머님이 늘 자식의 건강을 빌던 '북두칠성' 아래 바이칼 호수에 가서 제사를 지내기로 하셨습니다. 칠순의 노인이 바이칼 호수에서 상복을 입고, 통곡을 하시는 모습은 너무나도 슬픈 이 땅의 현실입니다. 선생님의 이 이야기는 후에 KBS에서 다큐멘터리로 방송되었습니다. 저는 그 방송을 통해서 선생님의 눈물을 보았습니다.

지난 7월 14일은 선생님께서 돌아가신 지 1년이 되던 날입니다. 선생님의 기일이 다가올수록 저에게는 선생님에 대한 그리움이 커져갔습니다. 선생님께서 그동안 쓰신 책들도 하나씩 다시 읽어보았습니다. 마치 옆에서 강의를 해주시는 느낌이 들었습니다. 그리고 선생님의 모습이 계속 떠올랐습니다. 선생님은 늘 웃는 모습이셨습니다. 제게 선생님은 늘 미소 짓는 분이셨습니다. 그러나 저는 선생님의 눈물도 기억하고 싶었습니다. 선생님의 미소와 눈물이 평생 제 기억 속에서 삶의 지침이 될 것입니다.

선생님 기일에 산소에 가서 인사를 드렸습니다. 선생님을 그리워하는 사람들이 함께 모인 자리여서 선생님께서 무척 기쁘셨을 것이라는 생각이 들었습니다. 선생님 묘소 주변으로 나비가 날아들어 기쁜 날갯짓을 하고 있었습니다. 나비의 모습에서 선생님의 활짝 웃는 모습이 보였습니다.

순례(巡禮)

물이 되는 것

사람들은 긴 노동을 하고 나면 갈증이 나서 물을 찾게 됩니다. 사막을 건너는 상인들의 마음도 빨리 이 길이 끝나고 갈증을 풀 수 있기를 바랄 것입니다. 사막에는 상인들뿐만 아니라 순례자의 발길도 이어집니다. 긴 순례 이후에 발견하는 오아시스는 영적인 갈증과 육체적인 갈증을 동시에 해결해 줍니다.

얼마 전 한국에서는 순례를 주제로 한 학술대회가 있었습니다. 여러 발표가 있었지만 그 중에서도 깊은 감동이 되었던 발표는 미국에서 오신 박성배 교수님의 발표였습니다. 불교에서는 일체 중생에게 물을 주라고 하는데 선생님은 이 부분을 바꾸어서 물을 주려 하지 말고 물이 되라고 하셨습니다. 어떤 도구를 이용하는 것이 아니라 그대로 사랑이 되고 자비가 되라는 말씀으로 이해가 되었습니다.

도구를 필요로 하는 경우에는 도구를 준비하고 도구가 없으면 찾으러 다니느라 시간이 걸립니다. 그러나 스스로가 물이 되면 그럴 필요가 없습니다. 우리는 물이 없다는 핑계를 대려고 할 뿐 스스로를 던져서 물이 되려고 하지는 않았던 듯합니다. 뼈저린 반성의 시간이 되었습니다.

학회였음에도 청중들의 반응은 뜨거웠습니다. 원래 학회라는 곳이 딱딱하고 별 재미없는 곳이니 특이한 일이었다 할 것입니다. 학회에서는 남들이 못 알아들을 만한 말들이 많은데 선생님은 쉽게 그리고 깊게 우리에게 다가온 것입니다.

학회가 있기 며칠 전 저는 선생님의 숙소로 찾아가 몇 시간 동안 둘만의 시간을 가질 수 있었습니다. 숙소가 서울 올림픽 공원 근처에 있어서 몽촌토성을 걸을 수 있는 기회가 생겼습니다. 짧은 시간이었지만 참으로 많은 이야기가 오고 갔습니다. 어쩌면 선생님은 제 앞에서 학회 발표를 리허설 하시고 계실지도 모르겠다는 생각도 들었습니다. 고마웠습니다. 저는 학회에서 선생님이 하시지 않은 많은 말씀들을 고스란히 들을 수 있었습니다.

그리고 그 말씀들은 그대로 물이 되어 내 뿌리를 적

시고 스며들었습니다. 선생님께서 그대로 제게 물이 되셨던 것입니다. 학회가 끝나고 선생님께 메일을 드렸습니다. 선생님과 거닐던 이야기를 하면서 '선생님께서 그대로 제게 물이 셨다'라는 말씀을 드렸더니 선생님께 곧 답장이 왔습니다. 선생님은 저와 이야기 하시던 순간을 회상하시며 오히려 제가 그대로 '물이었다는 느낌이라고 말씀하셨습니다. 그러시면서 서로가 서로에게 '물'이 될 수 있다면 세상이 얼마나 좋아질까 하는 말씀을 이으셨습니다. 제가 물이 되었는지에 대해서는 자신이 없지만 선생님께 물이 되어 드리고 싶다는 생각이 들었습니다.

　　선생님을 만나고 돌아오면서 저는 오아시스를 만난 느낌이었습니다. 목말라하면서 지내던 시간들이 말끔히 사라지고 뿌리부터 촉촉해 지는 느낌을 받았습니다. 오아시스 같은 선생님을 알고 있다는 것, 만날 수 있다는 것은 큰 기쁨입니다.

　　그러나 한편으로는 곧 반성이 되었습니다. 오아시스는 내가 찾아야 하는 곳이기도 하지만 내가 되어야 하는 목표이기도 하기 때문입니다. 저 역시 다른 이들에게 단비가 되어야 하는 것입니다.

　　난 어떤 이에게 오아시스가 되었을까? 난 누구의 갈

증을 풀어주는 물이었을까? 선생이라는 일을 하기에 더 큰 반성이 생깁니다. 선생은 학생들에게 그대로 물이 되어야 할 것입니다.

    인생은 그 자체가 순례라는 선생님의 말씀도 가슴에 있습니다. 우리는 인생길을 통해서 물을 찾으려고 노력하고 스스로가 물이 되려고 노력하여야 할 것입니다. 그것이 순례라는 생각이 듭니다.

번역(翻譯)

새롭게 글을 읽는 것

사실 번역이라는 게 외국어를 잘해서만 되는 것도 아니어서 외국어를 아주 잘하는 이에게도 무척이나 어려운 행위입니다. 당연히 외국어를 잘 못하는 사람은 엄두도 내기 어렵죠. 그럼에도 제가 번역에 관심을 갖고 해 보겠다고 결심한 데는 한 가지 계기가 있었습니다. 책을 한 번만 읽고 끝내는 경우가 너무 많구나 하는 반성이 들었기 때문입니다.

여러 번 읽으면 좋은 글은 그 때마다 뜻이 달라지고, 순간순간 새로운 모습으로 다가옵니다. 글은 그런 것입니다. 다독(多讀)보다는 정독(精讀)이, 정독보다는 정독을 여러 번 하는 것이 소중한 것도 이 때문이죠. 그러나 우리는 이런 저런 핑계로 책을 여러 번 읽지 않습니다. 저는 두 번 이상 읽을 책은 꼭 사는 게 좋다고 생각합니다. 책에 메모를 해야 하기도 하고, 다시 기억하고 싶어서 책을 또 꺼낼 수도 있기 때문입니다.

　　종교인들이 경전을 새롭게 해석해 낼 수 있는 것은 여러 번 읽었기 때문일 겁니다. 어찌 보면 분량도 많지 않은 똑같은 책인데, 해석이 달라질 리가 있을까 생각하겠지만 실제로는 여러 번 읽으면 뜻하지 않게 새로운 의미를 만나게 되는 것입니다. 종교적으로 이야기한다면 신이 함께 하시는 순간이 있게 되는 것입니다. 좋은 책일수록 여러 번 읽어야 합니다. 시대를 통해 면면히 흐르는 고전이나 높은 가르침을 담고 있는 경전이라면 몇 번의 독서로는 안 됩니다. 생각해 보면 예전에 우리 선조들은 사서삼경을 얼마나 읽었던가요? 그야말로 책을 묶은 가죽 끈이 여러 번 끊어질 정도였고, 아예 통째로 외울 정도가 아니었던가요?

　　저도 영어책을 번역해 본 경험이 있습니다. 몇 년 전에 저는 한 선생님의 영어 강의를 듣고, 말씀을 듣고, 책을 읽으면서 '여러 번'의 중요성을 느꼈습니다. 그래서 가능하다면 선생님의 책을 한국어로 번역해 보고 싶은 생각이 들었습니다. 제 영어 실력이 그다지 좋지 않으니 당연히 책을 여러 번 볼 수밖에 없었습니다. 또한 여러 각도에서 들여다 볼 수밖에 없었고, 어떤 문장은 도저히 안 돼서 다시 저자께 여쭈어 봐야 했습니다.

　　하나 귀찮은 마음은 전혀 없었습니다. 오히려 책을 여러 번 볼 생각에 설레었다는 것이 맞는 표현일 겁니다. 좋은 글을 여러 번 읽으면서 어쩌면 선생님도 미처 보지 못하신 세상을 만날 수 있었을 것이라는 마음도 생겼습니다. 번역을 하는 동안 마음이 참 기뻤습니다. 번역을 다 마치고 나니 아쉬운 마음이 들었습니다. 어설픈 실력으로 저자의 원뜻을 망쳐놓지 않았나 하는 부끄러움도 생겼습니다. 하지만 기쁜 마음은 변하지 않았습니다.

　　결론적으로 말하자면 저는 번역한 책을 출판하지는 않았습니다. 영어 실력이 미숙해서였기도 했지만, 출간이 목표가 아니었던 이유도 있었습니다. 그저 번역을 하면서 여러 번 보고 싶은 마음이 주를 이루었기 때문입니다. 저자의 마음을 읽고 싶었던 마음이 번역의 주목적이었던 것이죠. 그런 의미에서라면 저는 번역을 통해 목표를 충분히 달성한 것입니다.

　　저는 외국어를 공부하는 사람들에게 번역을 즐겨 하라고 권하고 싶습니다. 외국어 실력을 늘리기 위해서이기도 하지만 무엇보다도 좋은 책을 여러 번 읽는 기쁨을 누릴 수 있기 때문입니다. 덤으로 한국어 쓰기 실력도 좋아질 수 있을 겁니다. 여러분이 꼭 번역해 보고 싶은 책은 무엇인가요?

강의(講義)

청중과 대화하는 것

제가 여기에서 이야기하고자 하는 책은 『미국에서 강의한 보현행원품』이라는 책입니다. 불교도 잘 모르는 제가 함부로 이 책에 대해서 이야기할 수는 없을 것입니다. 하지만 책은 이렇게 써야 한다는 생각으로 글을 적습니다.

이 책은 앞에 '강의'라는 말이 붙어 있습니다. 그 이유는 실제 강의한 내용을 바탕으로 정리한 것이기 때문입니다. 이렇게 책 제목에 '강의' 또는 '특강'을 붙이는 경우에 주의해야 할 점은 책의 내용이 쉬워야 한다는 것입니다. 무슨 말인지 알지 못할 정도로 글을 써놓고, 강의라고 한다면 그것은 독자 또는 청중을 무시하는 것입니다. 강의는 늘 청중과 대화하는 것이기 때문에 청중의 수준에 따라 내용도 비유도 달라져야 합니다.

이 책은 그런 의미에서 좋은 책입니다. 불교를 몰라도 얼마든지 볼 수 있는 책입니다. 마치 강의실에서 강의를 듣는 듯한 기쁨도 맛볼 수 있는 책입니다. 그리고 실제로는 불교 책이지만 불교뿐 아니라 모든 종교, 사상과 관련된 책이고, 세상을 살아가는 방법에 대해서 이야기하는 책입니다. 저는 언어를 공부하는 사람으로서 늘 글이 언어 속에서만 맴돌고 있구나 하는 반성을 하게 됩니다. 언어가 삶을 나타내고, 언어가 문화를 담고 있는데 내 글은 한 치도 언어 밖으로 나가지 못하는 경우가 많습니다. 다 그릇이 부족해서 생기는 일일 것입니다. 언어를 공부한다는 사람의 독서가 언어에 머물러 있을 때 우리의 글 속에 삶을 담기란 쉬운 일이 아닐 것입니다.

이 책의 저자인 박성배 선생님은 지금 스토니부룩 뉴욕주립대학의 한국학 연구소 소장으로 있는 분이십니다. 동국대학교 불교대학 교수를 지내시다가 미국으로 유학을 떠나셔서 텍사스 댈러스 남감리교대학에서 신학을 공부한 뒤, 버클리 대학에서 박사학위를 받은 후 뉴욕주립대학의 교수가 되셨습니다. 교수가 되기 전과 된 후에 두 번 출가를 한 경험도 있으십니다. 동양과 서양, 학문과 종교를 넘나들었던 분이라고 할 수 있습니다.

저는 선생님을 재작년에 뉴욕주립대학으로 연구년을 갔을 때 뵈었습니다. 강의도 듣고, 개인적인 지도도 받으면서 귀한 시간을 보냈습니다. 한국에 돌아온 후 이 책을 다시 읽었습니다. 지금은 일곱 번째 읽고 있는 중입니다. 어떻게 살아야 하는지, 어떻게 학문을 해야 하는지 늘 반성하게 하는 책입니다. 또 학문과 종교가 다른 것이 아니라는 근본적인 해답도 주고 있는 책입니다. 이 책은 나를 움직이고 있는 책입니다.

학습(學習)

틈만 나면 하고 싶은 것

논어의 학이편은 '학이시습지 불역열호(學而時習之不亦說乎)'로 시작합니다. 이 구절은 배움의 즐거움을 강조할 때 자주 인용되는 유명한 부분입니다. '배우고 때때로 익히면 즐겁지 아니한가?' 정도로 해석되는 구절입니다. 저도 어릴 때 학이편의 시작을 앞의 해석으로 배웠었습니다. 그런데 어쩐지 그 해석을 통해서는 배움의 기쁨이 느껴지지 않았습니다. 왜일까요? 아마도 그 이유는 '때때로'에 있지 않았을까 싶습니다. 배우는 것이 즐겁다면 '때때로'가 아니라 '자주' 익혀야 하는 것이 아닌가 하는 의문이 생겼던 것입니다.

학습의 영어 번역은 'Learning'입니다. 하지만 학습의 느낌과 'Learning'의 느낌은 전혀 다릅니다. 한자를 해석을 해보면 더욱 그러합니다. 학습은 '학(學)'과 '습(習)'으로 이루어져 있습니다. 따라서 학습은 '학'하는 것과 '습'하는 것이 합쳐져 있는 개념이라고 할 수 있습니다. 그렇다면 문제는 '학'과 '습'의 의미를 다시 생각해 보는 것입니다. 배우는 것과 익히는 것은 어떻게 다를까요? 우선 '습'에 대해서 생각해 보면 약간의 실마리를 찾을 수 있습니다. '습'은 흰 백(白) 자 위에 날개의 모습이 올라가 있습니다. 즉, 새가 나는 걸 배우는 것을 습(習)이라고 한 것입니다.

날아가는 연습에는 이론도 필요하지만 무엇보다도 실천이 중요합니다. 실제로 해 보는 것이 중요한 것입니다. '습'은 실제로 날갯짓을 하는 모습을 보여줍니다. 새가 날갯짓을 배울 때는 어떻게 해야 할까요? 엄마 새에게 배운 것을 때때로, 가끔 해서는 안 될 것입니다. 아마 그렇게 해서는 끝내 날지 못하는 새가 되고 말 것입니다. 배운 것은 틈만 나면 해 봐야 합니다. 처음에는 어설프게 날다가 떨어질 것이고, 그 다음에는 조금 더 오래 공중에 머무를 수 있을 것입니다. 그러다가 어느 순간 하늘을 날고 있는 자신을 발견하게 될 것입니다. 그러려면 때때로 익히는 것이 아니라 틈만 나면 익히는 태도가 필요합니다. 학습은 그런 것입니다. 배우고, 배운 것을 틈만 나면 해보고 싶어야 하는 것입니다.

그러면 더 없이 즐거울 것입니다. 그게 학이편이 우리에게 들려주는 진리입니다. '시습'은 '틈만 나면 익히다'로 해석을 바꾸어야 할 겁니다.

선생 일을 하면서 학습에 대해서 다시 생각해 보게 됩니다. 내가 가르친 것을 듣고, 나아가서 그것을 얼마나 해 보고 싶어 했을지 궁금합니다. 아니 실제로 행동이 아니어도 좋습니다. 내가 이야기한 것을 얼마나 다른 사람과 나누고 싶어 했을지 궁금합니다. 아이가 학교에 다녀오면 밝은 표정으로 학교에서 선생님께 배운 내용을 엄마 아빠와 나누는 경우가 있습니다. 저는 그것이 학습이라고 생각합니다. 배운 이야기를 다른 사람과 나누고 싶은 마음에는 기쁨이 담겨 있고, 나눔 속에서 선생님의 말씀은 깊이 저장되고 기억될 것입니다. 학교에 다녀온 아이가 조용하다면 좋은 학습은 이루어지지 않은 것이라 할 수도 있습니다.

선생님은 부모님일 수도 있고, 친구일 수도 있습니다. 사실 내게 가르침을 주신 분들은 모두 선생님입니다. 우리는 심지어 잘 모르는 이를 부를 때도 선생님이라고 하지 않던가요? 사람들을 만날 때는 모두가 내 선생이라는 생각에 상대의 말에 귀 기울이고, 감정을 나누어야 할 것입니다. 저와 이야기를 나눈 사람들도 제 말을 듣고 행복한 얼굴을 하였으면 합니다. 배움의 기쁨은 나눔의 기쁨이고, 깨달음의 기쁨입니다.

한글날

언어의 날

여기저기 신문이나 방송에서 '개고생'이라는 단어가 나옵니다. 또 연예인이 방송에 나와서 말을 거칠게 하고, 남을 모욕해도 인기만 높아집니다. 직설적인 것이 유행이라고 합니다. 그러니 연예인들이 더 거칠게 우리말을 사용하는 것입니다. 이러한 것들을 언론이 실어 나르고 있습니다. 책임 있는 언론의 태도가 아닙니다. 아이들의 언어생활을 나무라기 전에 어른들의 언어생활을 보아야 하고, 일반인의 언어생활을 이야기하기 전에 전문인들의 언어생활을 반성해야 합니다.

텔레비전을 보면 연예인들의 말뿐 아니라 자막에 쓰인 글 속에서도 수많은 오류가 발견됩니다. 신문이나 잡지에서도 많은 맞춤법의 오류와 표현의 오류가 나옵니다. 인터넷

판에는 웃지 못할 오류들도 많습니다. 신속히 소식을 전하려 했다는 말은 언론인에게 좋은 변명이 아닙니다. 외국에서 한인들이 운영하는 가게에 가 보면 역시 틀린 글자가 너무 많습니다. 여기는 한국이 아니니까 라는 말도 적절한 변명이 아닙니다. 조금만 노력하면 범하지 않을 실수이기 때문입니다. 심지어 한글학교에도 틀린 글자들이 많이 보입니다. 여담이지만 외국의 한국 교회들에 가 보면 'See of Japan'이라고 쓰인 세계지도를 붙여놓은 곳도 많습니다. 한번 확인해 보세요.

한국어가 중요하다고 말하는 사람들이나 한국어가 어렵다고 말하는 사람들이나 공통적으로 국어사전은 찾지 않습니다. 모르거나 아리송하지만 그냥 넘어가는 것입니다. 아예 사전이 없는 경우도 많습니다. 묻고 싶어도 물을 데가 없다는 말도 합니다. 맞는 말입니다. 사실 마땅히 물어볼 만한 사람이나 단체도 없습니다. 깊게 생각해 보지는 않았지만 일차적으로는 이런 일을 한국교육원에서 하면 어떨까 합니다. 다른 일로도 바쁠 것이나 정부의 지원을 늘려서라도 한인들의 언어생활을 도울 수 있는 기관을 바로 세워야 할 것입니다. 재외동포를 위한 예산 중에 한국어와 관련된 예산을 확대할 필요성도 있습니다. 또한 표준어와 관련된 기관인 한국의 국립국어원의 도움을 받을 수도 있을 것입니다. 한국에서도 잘 안 되는 일을 외국에서까지 할 수 있을까 하는 생각도 들지만, 우리말에 대한 고민에 국경이 있을 수는 없을 것입니다. 한국어의 보급을 위해서 적극적으로 늘리고 있는 세종학당에 이러한 역할을 더할 수도 있을 것입니다.

언론사에서는 지속적으로 한글에 대한 관심을 지면에 담아야 할 것입니다. 예를 들어 자주 틀리는 외래어 표기를 소개한다든지, 간판이나 메뉴판에 쓰인 오류를 고치는 운동 등을 할 수 있을 것입니다. 문맹을 퇴치한 공로가 있는 사람이나 단체에게 유네스코에서 세종대왕 상을 수여하는데, 해마다 우리도 한글날에 한국어와 관련된 상을 주는 것도 생각해 볼 만한 일입니다. 한글 글씨 쓰기도 하고, 말하기 대회도 하고, 글짓기 대회도 할 수 있을 것입니다. 간판이나 메뉴의 틀린 글자 고치기도 한글학교의 행사로 만들 수 있을 것입니다. 또한 이왕이면 한인만을 대상으로 하기보다는 타민족까지 범위를 넓혀서 한글을 알리는 계기로 삼을 수도 있을 것입니다.

해마다 한글날이 되면 갑자기 우리 말글살이에 대한 기사가 쏟아집니다. 바라건대 언어와 문자에 대한 관심은 일회성이 아니어야 할 것입니다. 한글날은 의사소통이 어려운 백성들에게 소통의 기회를 준 날입니다. 말하고자 하는 바가 있어도 뜻을 능히 펴지 못하는 사람들을 위한 날인 것입니다. 그래서 우리에게 반성을 주는 날이기도 합니다.

저는 한글날이 문자가 없는 나라에는 문자를, 문맹이 많은 나라에는 교육을, 언어가 망가지고 있는 나라에는 언어생활의 가르침을 주는 날이 되었으면 합니다. 우리나라 사람들뿐만 아니라 모든 사람들이 한글날이 되면 문자와 언어에 대해서 반성하는 날이 되기 바랍니다. 그래서 한글날이 우리만의 기념일이 아니라 세계의 문자의 날, 언어의 날이 되었으면 합니다.

뿌리 교육

부모님에 대해 알게 하는 것

우리는 재외동포의 뿌리 교육이라고 하면 단순히 한국에 대해서 아는 것이라는 생각을 하는 경향이 있습니다. 우리의 뿌리가 한국에 있으니 어쩌면 그리 생각하는 것이 당연한 것일지도 모릅니다. 하지만 다시 생각해 보면 '뿌리'는 내 부모님에서부터 시작하는 것이 아닌가 하는 반성을 하게 됩니다. 뿌리 교육은 부모님에 대해서 아는 것 그리고 이민의 역사를 아는 것에서 시작해야 할 것입니다.

스토니브룩 뉴욕 주립대학에서 수업을 하면서 한인 학생들에게 새미 리 선생이나 안창호 선생에 대해서 물어볼 기회가 있었습니다. 당연히 모른다는 대답이었습니다. 올림픽에서 두 번이나 금메달을 딴 새미 리를 모르고 미국에서 흥사단을 조직했던 안창호 선생을 모른다는 것은 어쩌면 자신의 뿌리를 모르는 것이나 마찬가지라는 생각이 들었습니다.

또한 이민사에서 중요한 역할을 한 이승만 대통령이나 서재필 박사의 이야기들도 알아야 할 필요가 있을 것입니다. 한국인으로서 먼 옛 역사 속의 위인들을 기억해야 할 필요도 있지만 본인이 살고 있는 미국 땅에서 먼저 살아 온 한국인들의 모습도 기억할 필요가 있는 것입니다.

단군 할아버지도 중요하고 삼국통일도 중요하겠지만 이곳의 한인 학생들에게는 할아버지의 이민 이야기가 더 피부에 와 닿는 역사가 될 것입니다. 왜 우리 할아버지의 할아버지들은 미국에 오게 되었는지 왜 미국에서 한국의 독립운동을 하게 되었는지를 이야기해 줄 필요가 있습니다. 그리고 한국인들이 미국 땅에서 얼마나 성실히 일해서 지금의 모습을 갖게 되었는지를 알려 줄 필요가 있습니다.

한글학교 선생님을 만나보면 아이들에게 이민의 역사는 가르치지 않는 경우가 많았고 아예 본인도 잘 모른다고 답하는 경우도 있었습니다. 그것은 대부분의 가정에서도 마찬가지였습니다. 아이들에게 자신의 이민사와 한국인의 이민사에 대해서 들려주는 경우는 드물었습니다.

어쩌면 뿌리 교육은 집에서 이민의 역사를 들려주는 것에서 시작될 것입니다. 그게 아이들에게는 흥미로운 일이고 기억에 남는 일이 될 것입니다. 할머니 할아버지의 땀과 눈물, 아버지 어머니의 고생과 헌신이 자신을 만들어냈음을 느끼게 될 것입니다. 사실 그게 뿌리 교육의 시작일 것입니다. 뿌리 교육은 자신의 뿌리에 대해서 관심을 갖게 만드는 것이기 때문입니다.

자신의 주변에서부터 시작해서 할머니, 할아버지, 어머니, 아버지가 떠나온 한국이라는 나라에 대해서 배우고 그 역사와 문화에 대해서 배우는 것이 필요할 것입니다. 그렇게 해서 한민족으로서의 동질감과 자부심을 느끼고 다른 문화의 사람들을 포용하는 큰 사람으로 자라나게 해야 할 것입니다. 뿌리 교육이 중요한 것은 단순히 뿌리를 아는 것이 아니라 자긍심을 갖고 미국에서 사람들과 어울려 살아가게 하는 것이기 때문입니다.

뿌리 교육은 한국에 대한 교육이나 한국에서 온 사람들에 대한 교육만이 아닙니다. 2세, 3세들의 이야기도 뿌리 교육에 담아야 할 것입니다. 2세 이후의 모습이 지금의 한인 아이들의 역할 모델이 될 것입니다. 어떤 어려움이 있더라도 반드시 이겨낼 것이라는 다짐도 만들어 줄 것입니다. 뿌리 교육을 통해서 자라나는 우리의 2세, 3세들이 한인 사회를 위해서 어떤 일을 할 것인지에 대해서도 생각할 시간을 주어야 할 것입니다.

그들에게 한인의 역사는 과거의 문제가 아니라 현재의 문제이고 미래의 문제가 됩니다. 왜냐하면 그들이 바로 다음 한인사의 주인공들이기 때문입니다. 뿌리 교육은 이민의 역사를 들려주는 것에서 시작해야 할 것입니다.

재외동포 한국어 전문가

재외동포가 잘할 수 있는 일

한국어 교육에서 연구가 가장 부족한 분야는 바로 '재외동포를 위한 한국어 교육' 분야입니다. 미주 지역에만 1,000곳이 넘는 한글학교가 있고, 세계적으로 600만이 넘는 재외동포들이 있는데, 이들을 위한 한국어 교육의 연구가 부족하다는 것은 언뜻 이해가 가지 않을 것입니다. 재외동포 중에는 한국어를 배우는 사람들도 많고, 가르치는 사람도 많고, 앞으로 배워야 할 사람들도 많은데 왜 전문가가 없는 것일까요?

한국에서는 재외동포 교육이 중요하다고 말들은 하지만, 실제로 연구를 하는 학자들은 거의 없습니다. 우선 한국 내에서는 한국에 유학 온 학생들이나 결혼 이민자, 외국인 노동자, 다문화 가정 자녀 등을 위한 연구들이 활발하게 일어나고 있습니다. 당장 눈앞에 닥쳐있는 현실들이고 조만간 한국의 중요한 문제로 부각될 수 있는 일들이기 때문에 연구의 필요성도 매우 높다고 할 것입니다. 물론 연구비도 비교적 많은 편입니다. 하지만 재외동포 교육 연구를 위한 지원은 매우 부족합니다.

한국 내에서 재외동포 교육 전문가가 부족한 또 하나의 이유는 학습자들이 멀리 떨어져 있다는 것입니다. 그것은 연구의 대상이 부족하다는 의미도 되고, 연구한 내용을 실제로 적용해 보기도 어렵다는 의미도 됩니다. 물론 핑계이기는 할 것입니다.

한글학교 선생님들도 전문가가 될 수 있을 것입니다. 이미 전문가가 되신 분들도 여럿이 있습니다. 하지만 봉사의 차원에서 한국어를 가르치는 경우가 많아서 더 많은 시간을 연구에 투자하라고 요구하기 어려운 점이 있습니다. 따라서 선생님들의 연구 성과들이 널리 알려지지 않고 공유되지 않고 있는 실정입니다.

그렇다면 재외동포를 위한, 미주 지역 한인 학생들을 위한 한국어 교육의 전문가는 누가 되어야 할까요? 저는 그 전문가들을 한글학교를 다니고, 한국어를 배우는 학생들에게서 찾고 싶습니다. 재외동포 학생들의 요구와 문제점

들을 누구보다 잘 알고 있는 사람들이 바로 한글학교에서 한국어를 배웠던 사람들이 아닐까요? 또한 이중 언어의 사용이 자유로운 학생들이기에 영어 교육을 비롯한 외국어 교육의 성과들을 한국어 교육에 잘 적용시킬 수도 있을 것입니다. 한인 학생이 한국어 교육을 전공하면 장점이 많습니다. 역으로 한국의 한국어 교육에도 큰 도움을 줄 수 있습니다.

한인 학생들 중에 영어교육 전문가들은 많아지고 있습니다. 특히 1.5세들이 본인의 경험을 바탕으로 하여 영어 교육의 문제들을 해결해 나가고 있는 것으로 보입니다. 한국어 교육, 한국학 분야에서 가장 큰 힘을 발휘할 수 있는 전문가들은 한인 중에서 나오게 될 것이라 확신합니다. 왜냐하면 한국어와 한국학의 전문가는 반드시 한국에 대한 애정이 있어야 하기 때문입니다. 단순히 언어를 말할 수 있다고 해서, 한국에 관한 지식을 갖고 있다고 해서 전문가는 아닙니다. 미국 내에서 한인 학생만큼 한국을 사랑하는 사람이 있을까요?

미주 지역에 더 많은 한국학과가 생기고, 더 많은 한국어 강의가 개설되기를 희망합니다. 그리고 그 분야의 전문가들이 재외동포들 중에서 많이 나오기 바랍니다. 분명히 가능한 일일 것입니다. 아이들을 한글학교에 보내고, 한국에 대해서 가르치고, 한국어와 한국학의 전문가가 되는 꿈을 꾸게 부모님들이 도와주시기 바랍니다. 어쩌면 미국 사회에서 한인으로서 가장 보람된 일을 하는 사람들이 한국을 알리고, 한국과 미국의 가교 역할을 하는 사람이 아닐까 합니다.

포대기로 키운 아기

입양인을 위한 한국어 교육

아이를 포대기로 업고 있는 어머니의 모습은 아주 자연스러운 한국 엄마의 모습으로 기억될 것입니다. 동네 어귀에서 남편을 기다리는 아내가 보채는 아이를 업고 달래는 모습은 애틋하고도 정겹습니다. 종종은 큰누나가 어린 동생을 업고 있는 모습으로 우리 기억 속에서 살아나기도 합니다. 그만큼 아이를 업는 문화는 우리에게 친숙합니다.

아이를 포대기로 업고 있는 것은 실용적인 면도 강합니다. 아이를 업고 있어야 두 손이 자유롭고 일하기에도 간편한 것입니다. 요즘처럼 아이를 앞으로 안고 있으면 두 손으로 일을 하기는 어렵습니다. 밭을 매고, 음식을 준비하고, 물건을 나를 때 아이는 등 뒤에서 잠이 들기도 하고 혼자서 두리번거리기도 했습니다. 엄마의 등을 통해서 세상 구경을 하기도 하는 것입니다.

　　미주 지역과 유럽에는 한국인 입양아들이 많습니다. 우리가 쉽게 드러내지 못하는 아픔입니다. 때로는 상처가 되기도 하고, 때로는 숨기고 싶은 이야기가 되기도 합니다. 제가 일하는 학교에서는 해외 입양인들이 한국어를 배울 수 있도록 여러 장학제도를 만들어 제공하고 있습니다. 우리의 생각보다 훨씬 많은 해외 입양인들이 한국어와 한국문화를 배우고 싶어합니다. 그러나 정부의 대책은 매우 미약합니다. 다른 것은 몰라도 한국어를 배우겠다는데 대책이 부족한 것은 문제가 아닐 수 없습니다. 그들이 한국에서 자랐을 때 들었을 비용을 생각해 보면 더 많은 관심과 예산이 필요할 것입니다.

　　미국에 연구년을 갔을 때 만난 사람들 중에는 한국 아이를 입양한 부모들도 있었고, 동생이 한국에서 온 입양인인 경우도 있었습니다. 만날 때는 왠지 고맙다는 말이 항상 먼저 나왔습니다. 제 마음이 그랬습니다. 그런데 한국 입양아를 한 집에서 두 명 맞이한 경우가 많다는 것에 놀라게 되었습니다. 어떤 경우에는 형제를 입양한 경우들도 있었습니다. 아이와 다른 인종의 양부모, 또는 형제 아래에서 느낄 혼란을 덜어주고자 하는 마음이 아름다웠습니다. 부모의 마음으로만 아이를 입양한 것이 아니라 아이의 처지에서도 생각하는 입양이 된 것입니다.

    한국 아이를 입양한 한 어머니와의 이야기에서는 한동안 멍해 있을 수밖에 없었습니다. 그 어머니는 한국에서 포대기를 구해다가 아이를 업어서 키웠다고 하였습니다. 관련된 사진이나 비디오 자료를 보면서 아이를 한국식으로 키우려고 하였다는 말을 덧붙였습니다. 아이가 낯선 부모 아래에서 자라게 되지만, 그래도 한국의 기억만은 놓치지 않기를 바라는 마음에서 그리 하였던 것입니다. 눈물이 났습니다. 진정한 엄마가 아닌가요? 전 그 아이가 여러 가지 고통스러움은 있었을지 모르나 행복하게 자랐을 것이라 확신합니다.

    해외 입양인들이 한인사회에 쉽게 접근하지 못하고, 한국어를 배울 길을 못 찾는 모습이 안타깝게 느껴집니다. 한글학교 선생님들을 만나보면 요즘에는 한글학교에 배우러 오는 해외 입양인들도 조금씩 늘고 있다고 합니다. 여러 가지 저마다의 사정이 있겠지만 한국인으로서 정체성을 느낄 수 있도록 도와주면 좋겠습니다. 한국 정부와 한인사회의 보다 적극적인 관심이 필요하다는 생각입니다.

    정체성을 찾는 데는 한국어를 배우는 것이 가장 빠른 길입니다. 언어를 배우고 같은 언어로 서로의 마음을 나눈다면 한국이 다시 가깝게 느껴질 것입니다. 낯선 땅, 낯선 엄마의 등에 업혀서 두리번거리고 있는 아이의 눈빛이 자꾸만 생각이 납니다.

아버지가 한국어를 배우는 이유

로스토프의 한국어 교육

　　이 글은 쓰는 저는 지금 러시아 로스토프라는 곳에 와 있습니다. 러시아 지역 한국어 교사연수를 위해 상트페테르부르크를 거쳐 여기에 와 있는 것입니다. 여기에 오면서 러시아 남부지역에 그리 크지 않은 도시에 한국어를 배우는 사람이 많이 있을까 하는 의문도 있었습니다. 그런데 이곳에는 한국교육원이 있어서 일반인을 대상으로 한국어를 가르치고 있었습니다. 왜 이렇게 멀리 떨어져있는 도시에 한국교육원이 생기게 되었을까요? 그 대답은 고려인입니다.

　　고려인들이 약 만 명 가까이 살고 있는 곳이 바로 여기 로스토프입니다. 원래는 1930년대 스탈린에 의해 극동지역에서 중앙아시아로 강제로 옮겨져서 우즈베키스탄 등지에서 살았던 고려인들이 농사짓기에 더 유리한 이곳으로 이주

해온 것이라고 합니다. 먼저 이주해온 사람들이 자리를 잡으면 가족을 불러오는 것은 우리의 이민사를 그대로 닮았습니다. 그래서인지 마을 사람들은 대부분 친척 관계입니다. 넓게 보면 모두 가족인 셈입니다. 집안 잔치가 연이어 있고, 모이면 술과 노래로 흥이 절로 나는 곳입니다. 서로가 서로에게 위안이 되고, 힘이 되는 그야말로 가족인 것입니다.

한국교육원에서 한국어 교수법에 대한 강의를 마치고 고려인 집에 초대를 받아 저녁식사를 하러 갔습니다. 정말 한 상 잘 차려 놓고 우리를 기다리고 있었습니다. 아침부터 가족들이 함께 준비한 식사라고 했습니다. 김치부터 나물까지 우리의 음식이 조금씩 모양을 달리한 채 놓여 있었습니다. 술과 이야기가 오고 간 후 주인이 인사를 했습니다. 러시아말로 이야기하였고, 통역이 한국말로 바꾸어 주었습니다.

"우리는 아직 제사를 지내고 있습니다. 우리의 부모님은 정말로 많은 고생을 하셨습니다. 우리는 그것을 기억하고 싶습니다. 그리고 우리는 한국교육원에 가서 한국어를 배우고 있습니다. 저는 이제 자식에 손자까지 있습니다. 나는 나이가 많지만 내가 한국어를 배워야 아이들도 한국어를 배우지 않겠습니까? 우리가 고려인이라는 것을 자식들이 잊지 않기 바랍니다."

감동적인 순간이었습니다. 이제 나이가 많아서 한국어를 배워도 큰 성과가 없을지도 모릅니다. 그러나 내가 배워야 자식들이 한국인이라는 생각을 갖고 한국어를 배울 것이라는 마음이 절절하게 느껴졌습니다. 조국이 제대로 보호해 준 적도 없건만, 조국에 대한 사랑만큼은 조국의 혜택을 받은 어떤 사람보다 큰 것이었습니다. 조국은 위대해야만 조국이 아닌 것입니다.

그 고려인의 아들, 며느리와 이야기를 나누었습니다. 아들과 며느리는 이제 한국교육원에서 초급반을 다니고 있었습니다. 더듬거리며 자신의 소개를 한국어로 했습니다. 열심히 한국어를 배우겠노라고 하면서, 자식에게도 한국어를 가르칠 것을 약속했습니다. 저는 로스토프에서 조국과 한국어의 뜨거운 모습을 만나게 되었습니다. 그리고 한국인이라면 나이가 많아도 꼭 한국어를 배워야 할 이유도 생각해 보게 되었습니다. 이 이야기를 다른 지역 동포들에게도 들려주고 싶었습니다.

참전의 기억

태국의 한국어 교육

'미국, 영국, 오스트레일리아, 캐나다, 타이'의 공통점은 무엇일까요? 영어를 사용하는 나라의 이름처럼 보이는데, '타이'가 걸립니다. 사실 이 나라들은 '고향땅이 여기서 얼마나 되나 ~'로 시작하는 노래를 개사하여 부른 노랫말의 첫 소절입니다. 노래를 나라 이름으로 바꾸어 보면 잘 들어맞는구나 하는 생각도 들 것입니다. 이 노래는 '뉴질랜드, 콜롬비아, 네덜란드, 프랑스'로 이어집니다. 이쯤 되면 공통점을 알 수 있을까요? 자, 나머지 국가들도 봅시다. '벨기에, 그리스, 터키, 룩셈부르크'를 지나 '필리핀, 에티오피아, 남아프리카 공화국'으로 끝이 납니다. 이 나라들의 공통점은 바로 모두 한국전쟁 때 유엔군으로 참전했던 국가라는 것입니다.

우리를 도와주었던 나라 이름들을 보면서 많은 반성

이 생깁니다. 미국에 방문학자로 가 있을 때도 한국전쟁 참전용사의 비석 앞에서 가슴이 아파왔던 기억이 있습니다. 롱아일랜드로 가는 길가에 있었던 한반도 모양의 기념비도 뚜렷이 가슴에 남아있습니다. 도운 이들은 기억하고 있는데, 도움을 받은 우리는 고마움을 모두 잊어버린 것이 아닌가 하는 생각이 듭니다. 이데올로기에 대한 논쟁을 떠나 현재 우리의 발전에는 여러 나라 젊은이들이 흘린 피가 묻어있습니다. 도와준 사람은 기억하고 있는데 도움을 받은 사람은 기억하지 못하고 있다면 답답한 일이 아닌가요? 우리를 도왔던 나라들을 보면 이제는 우리가 도움을 주어야 하는 나라로 처지가 바뀐 곳들도 있습니다.

치앙마이에서 열린 한국어 말하기 대회도 보고, 핏사누룩의 나래수안 대학에서 한국어과 학생들에게 특강도 하기 위해서 태국에 다녀왔습니다. 태국에 가기 전에는 전혀 생각을 하지 못했는데, 치앙마이에 도착한 후에 갑자기 앞에서 언급한 노래가 생각이 났습니다. '캐나다, 타이'하고 부르던 노래 속의 '타이'는 우리를 도와준 나라였던 것입니다. 그런데 우리는 어느 순간 고마움이나 미안함은 잊어버렸습니다. 우리 스스로의 힘으로 지금을 이룬 듯한 자만심에 빠져있는 듯합니다. 어쩌면 주머니가 좀 두둑해지면서 거만한 마음도 생겼을 수 있습니다. 돈이 생겨 거만해지는 것을 우리는 '천박하다'라고 합니다. 역사를 잊고, 고마움을 잊고 살아간다면 그것이 바로 '천박한' 것입니다.

한국어 말하기 대회에 참가한 학생들의 열기는 그야말로 대단했습니다. 한국에 대한 사랑과 동경은 한국어 공부에 대한 열의로 나타나고 있었습니다. 한국 전통 문화에 대한 이해도 깊었고, 대중문화에 대한 애정도 놀라울 정도였습니다. 호텔에서 텔레비전 채널을 돌릴 때마다 한국의 가수들이 나오고 드라마, 영화가 방영되고 있었습니다. 한국에 대한 태국인의 관심이 그대로 느껴졌습니다.

나래수안 대학교에서 만난 분들과의 대화는 한류의 힘을 더 크게 느낄 수 있게 하였습니다. '주몽'을 좋아한다는 총장님, '대장금'을 좋아한다는 부총장님의 모습에서 한류는 어떤 한 계층만의 현상이 아님을 알 수 있었습니다. 한류는 이미 태국인들에게 생활의 일부분으로 자리 잡고 있었던 것입니다. 대학생들은 '동방신기'와 '소녀시대'의 노래를 듣고, 그들의 춤을 똑같이 따라했습니다.

태국에 가서 느낀 점은 태국은 오랜 역사를 가진, 건강한 나라라는 것입니다. 선생님에 대한 학생들의 예의나 어른에 대한 공경심은 동방예의지국이라는 우리나라보다도 대단해 보였습니다. 태국은 경제적으로 아주 어려운 나라는 아닙니다. 하지만 한국어를 배우는 학생들이 한국에 가기에는 경제적으로 어려움이 많습니다. 더 많은 학생들이 직접 한국을 호흡하고 싶어 하는데, 도와줄 방법이 적었습니다. 우리가 조금씩만 노력하면 한국에 오기를 바라는 태국 학생들의 꿈을 이루어줄 수 있을 것입니다.

　　태국 사람들도 점점 한국전쟁에 참전했던 기억들을 잊어갈 것입니다. 하지만 우리는 잊어서는 안 됩니다. 그럴수록 더 마음에 새겨야 할 것입니다. 그리고 그들의 후손들이 한국 문화를 좋아해주는 것을 고마워해야 할 것입니다. 바라건대, 태국 학생들이 한국에 와서 한국을 만나고, 한국을 가슴으로 느낄 수 있는 기회가 많아졌으면 합니다. 저도 작은 보탬이 되고 싶습니다.

일본에 부는 한국어 바람

일본의 한국어 교육

　　　한국어를 전공하는 사람으로서 한국어를 배우는 사람이 많아지고 있다는 소식은 늘 기분 좋은 일입니다. 한글날을 앞두고 일본에서 한국어와 한류의 열기를 직접 살펴볼 기회를 가지게 됐습니다. 국립국제교육원의 요청으로 한국의 대학생 28명을 데리고 일본을 9박 10일간 방문할 기회가 있었기 때문입니다.

　　　일본에 도착한 후 놀라게 된 것은 많은 사람들이 한마디라도 한국어를 하려고 노력하고, 한국어를 못하는 것을 부끄러워하는 경우가 많았다는 것입니다. 저는 항상 일본에서 본받을 점은 공부에 대한 열정이라고 생각합니다. 특히 나이가 들어도 식지 않는 공부 열기는 배울 만합니다. 한국어를 배우는 사람들의 수는 역 피라미드식으로 되어 있습니다. 어릴 때는 배우는 사람이 적지만 고등학교, 대학교, 일반인으로 점점 한국어를 배우는 사람들이 늘어난다는 것입니다. 일반인의 한국어 교육 열기가 높음은 참으로 놀라운 일입니다. 물론 한류가 큰 역할을 하였을 것입니다. 배용준, 이병헌, 최지우, 류시원 등을 좋아하면서 한국이 좋아지고, 한국어를 배우는 경우들도 생겼을 것입니다. 그러나 한편으로 우리가 홍콩 영화를 좋아했을 때 중국어를 배우는 붐이 일었나 생각해보면 한류가 한국어 열기의 전부는 아닌 듯합니다.

일본에서는 정년 퇴직자나, 주부들의 한국어 학습 열기도 매우 높습니다. 이번 방문지 중 한 곳인 미야자키 현에 갔을 때, 그야말로 집안일을 하는 주부들 중에도 한국어를 몇 년씩 배우고 있는 사람들이 많았습니다. 그런 사람들이 한국 학생을 집으로 초대해 식사도 대접하고, 민박 가정의 역할을 하고 있었던 것입니다. 일본의 한국어 열기처럼 진지하게 우리나라에도 외국어와 외국문화에 대한 열기가 있었으면 좋겠다는 생각이 들었습니다. 일본의 정년 퇴직자 중에도 한국어를 배워서 새로운 인생을 사는 사람들이 많습니다. 한국과 관련된 출판업을 다시 시작하신 분이나 한국과 관련된 다양한 사업, 연구 등을 시작하신 분도 많습니다. 한국어가 새로운 인생의 도구가 된 것입니다.

　　대학에서 한국어를 배우는 학생들도 늘고 있고, 이 학생들 중 많은 수가 한국에 유학을 가고 싶어 합니다. 유학 가는 것을 별로 좋아하지 않는 일본 전체 분위기에 비추어 볼 때, 고무적인 현상이라고 할 수 있습니다. 한국 학생들과 교류하고 싶어 하고, 한국의 전통 문화를 알고 싶어 하고, 한국에서 쇼핑을 하고 싶은 학생들이 많아진다면 한국과 일본 사이의 거리감도 많이 사그라지게 될 것입니다.

　　일본과는 가까이 있기 때문에 앞으로도 치열한 경쟁이 이루어질 것입니다. 축구 경기에서는 가장 강력한 라이벌이 될 것입니다. 그러나 일본에서 부는 한국어 바람의 열기, 한국 문화에 대한 선호도처럼 서로의 언어와 문화에 대한 관심이 높아진다면 그 경쟁은 아름다운 경쟁이 될 것입니다.

　　동경 지하철이나 상점에는 한류 스타의 사진들이 많이 보였습니다. 특히 '동방신기', '카라', '소녀시대'와 같은 새로운 한류가 시작되고 있었습니다. 일본에서 한류가 자리 잡아 가고 있음이 기뻤습니다. 주부가 한류의 주 대상이었다면, 이제는 젊은이 사이로 폭넓게 퍼져가고 있는 것입니다. 일본에 머물면서 저는 한류와 한국어의 열기를 가슴으로 느낄 수 있었습니다. 우리나라 사람들도 이제 진지하게 일본어와 일본문화에 관심을 갖고 서로에 대한 이해가 깊어지기를 바랍니다.

인도네시아의 한국어 풍경

인도네시아의 한국어 교육

　　　　인도네시아 족자카르타에 다녀왔습니다. 족자카르타는 인도네시아에서 두 번째로 큰 도시로 학문과 교육, 문화의 중심지입니다. 유네스코 지정 세계 문화유산들이 있는 도시여서, 거대한 불교 사원과 힌두교 사원을 한꺼번에 만날 수 있는 기회도 있었습니다. 다른 나라를 가보면 항상 느끼는 것이지만 우리는 그 나라에 대해서 아는 바가 별로 없습니다.

　　　　인도네시아는 세계에서 인구가 네 번째로 많은 나라입니다. 중국, 인도, 미국 다음으로 인구가 많은 곳입니다. 세계에서 섬이 제일 많은 나라이기도 합니다. 약간은 특이하게 생각될 수 있겠지만 세계에서 무슬림이 제일 많은 나라는 아랍의 국가가 아니라 바로 인도네시아입니다.

제가 인도네시아를 찾은 이유는 인도네시아인을 위한 한국어 교재를 개발하기 위해서였습니다. 최근 인도네시아는 한류의 물결이 점점 커지고 있으며, 한국어를 배우려는 열기도 높아지고 있습니다. 인도네시아에서 가장 유명한 인도네시아 국립대학(UI)과 가자마다 국립대학(UGM)에 한국어과가 개설되어 있음도 아주 고무적입니다. 인도네시아의 지성들이 한국어와 한국문화에 대해서 관심이 높다는 반증이기도 하기 때문입니다.

하지만 높은 관심에 비해 한국어 교재의 개발은 거의 이루어지지 않았습니다. 족자카르타에서 가장 큰 서점에 갔을 때, 베스트셀러 도서의 목록 중에 당당히 한국어 교재가 있는 것을 보고 무척이나 흐뭇했습니다. 같이 간 선생들과 그 책 사진 앞에서 기념사진을 찍기도 했습니다. 그러나 서점에 들어가서 그 책을 보고 나서는 답답함이 밀려 왔습니다. 책의 내용이 너무나도 엉망이었기 때문입니다.

기본적으로 띄어쓰기도 안 되어 있고, 철자법 등도 너무 많이 틀려서 그 책으로 배우면 한국 사람과 의사소통에 오히려 지장이 생길 것 같았습니다. 내용 중의 한 부분을 이해해 보세요.

"기침은항지않습니까? 기침도조금압니다. 이약을먹고푹쉬십시오."

이러한 현실 때문에 한국어를 배운다고 해도, 한국어로 말하기가 어려운 것입니다. 현재 한국 국제교류재단과 국민은행에서 후원하여 인도네시아인을 위한 한국어 교재를 개발하고 있고, 그러한 일의 일환으로 저는 족자카르타를 방문하게 된 것입니다.

인도네시아에서 한국어를 가르치는 사람들과 교재에 대한 세미나를 했는데, 교육에 대한 열정이 매우 높았습니다. 학생들과 만나서 여러 이야기도 나누었는데, 한국어에 대한 관심, 한국 대중문화에 대한 관심이 정말 대단했습니다. 한국 노래를 부를 수 있는 사람이 있냐고 물었더니 너나 할 것 없이 스스럼없이 한 소절씩 불러대었습니다. 참으로 감동적인 순간이었습니다.

인도네시아 하면 한글을 공식문자로 택했다는 '찌아찌아족'의 이야기를 하는 사람이 많을 것입니다. 물론 한글로 그들의 언어를 쓰는 모습도 감동적이겠지만, 한국어를 하는 인도네시아인이 많아진다는 것은 더 기쁜 일입니다.

한국어는 이제 더 이상 한국에서만 사용되는 언어가 아닙니다. 베트남이나 몽골의 한국어 인기는 상상을 초월합니다. 영어 다음으로 중요한 언어가 한국어일 정도입니다. 인도네시아는 이제야 한국어 교육이 본격적으로 시작되고 있는 곳입니다. 저는 이번 방문에서 한국어의 밝은 미래를 보았습니다. 한국어는 이미 세계 속에 서 있습니다.

망향의 그리움

사할린의 한국어 교육

러시아 사할린에 다녀왔습니다. 사할린은 중앙아시아의 우즈베키스탄이나 카자흐스탄 등과 마찬가지로 한국인 이주자들이 많은 곳입니다. 그런데 이들의 이주 역사에는 아픔이 묻어있습니다. 어느 이주의 역사에나 슬픔이 묻어있겠지만, 영문도 모르고 1930년대에 극동지역에서 중앙아시아로 끌려갔던 고려인들은 우리에게 상처로 남았습니다. 돌아보면 자꾸 아립니다. 사할린도 강제 징용으로 끌려갔던 사람들이 일본의 전쟁 패망으로 버려진 그야말로 얼어붙은 척박한 땅이었습니다.

일제는 전쟁에 패망한 후 일본 국민들만 데리고 사할린 땅에서 철수해 버렸습니다. 당연히 우리 백성들은 우리가 챙겨야 했겠지만 우리도 소련과의 관계 등을 이유로 손을 놓고 있었습니다. 국가가 존재하는 것은 국민을 보호하기 위함인데, 아무 것도 하지 못했던 답답함이 여전히 사할린 속에는 아픔으로 남아 있는 것입니다. 그래도 1960년대까지만 해도 고국으로 돌아갈 희망에 조선학교에서 한국어를 배웠으나 그 이후에는 더 이상 한국어를 배우지 못하게 되고 러시아어만을 배우게 됩니다. 세대 간에 언어의 단절이 이루어진 것입니다. 그래서 2세, 3세로 내려오면서 한국어를 할 수 있는 사람의 수는 극도로 줄어들게 됩니다.

그 이후 한국과 러시아가 수교를 하게 되고, 사할린 1세들의 영주 귀국이 이루어지면서 한국어 교육의 열기는 급속히 높아지게 되었습니다. 사할린 국립대학에 한국어학과가 설치되고, 초, 중, 고등학교에서도 한국어 수업이 진행되었습니다. 또한 한국 정부에서 설립한 한국교육원에서도 한국어 수업이 활성화되기 시작했습니다. 하지만 한때 사할린 인구의 10% 정도에 달하던 한인들의 인구가 5% 정도로 줄면서, 전체적으로는 한국어의 위기가 다시 오고 있어 걱정입니다.

이번 사할린 방문은 한국어 교사들을 대상으로 하는 연수가 목적이었습니다. 저는 어휘교육과 한국어교수법 등을 강의하였는데, 참여자들의 열기가 무척이나 뜨거웠습니다. 가르치면서 가지고 있던 답답함을 일부라도 해소할 수 있는 기회가 된 것입니다. 모든 교사가 한국에 와서 연수를 받으면 좋겠지만, 여러 사정으로 어렵다면 강사를 파견하는 것이 최선의 방법이 됩니다.

그래도 이번 연수에서 희망을 본 것은 러시아 현지인들의 한국에 대한 관심이 높다는 것입니다. 러시아 정규학교에서 실시한 '한식 축제'에 가 볼 기회가 있었는데, 대다수의 러시아 현지학생들이 한복을 입고, 우리말로 인사를 하고, 우리 음식을 맛나게 먹고 있었습니다. 이러한 관심을 한국어로 이어주려는 노력이 필요할 것입니다. 또한 영주 귀국한 할머니, 할아버지를 만나러 손자, 손녀들의 한국 방문이 잦아졌다는 것도 새로운 희망이 되었습니다. 한국어를 배우고 싶어 하는 한인 동포들도 다시 늘어나고 있는 것입니다. 한국 방문과 한국어 교육을 이어나간다면 고국에 대한 뿌리의 연결이 훨씬 견고해질 것이라는 생각이 들었습니다.

사할린 '망향의 언덕'에는 배 모양의 탑이 서 있는데, 그 아래 새겨진 글귀가 우리의 사할린 이주 역사를 아프게 증언해 주고 있습니다. '… 굶주림을 견디며, 고국으로 갈 배를 기다리고 또 기다렸습니다. 이윽고 혹은 굶어 죽고, 혹은 얼어 죽고, 혹은 미쳐 죽는 이들이 언덕을 메우건만 배는 오지 않아, 하릴없이 빈손 들고 민들레 꽃씨마냥 흩날려 그 후손들은 오늘까지 이 땅에서 삶을 가꾸고 있습니다. …'

한국어가 제일 쉬운 언어

미주 한인의 한국어 교육

미국의 한인들을 만나보면 한국어에 대해서 몇 가지 잘못된 고정 관념을 갖고 있는 경우가 있습니다. 그 중 제일 문제라고 생각하는 것은 한국어가 세계에서 제일 배우기 어려운 언어라고 이야기하는 것입니다. 나름대로의 논리들도 있습니다. 존대법이 있다는 것, 조사와 어미가 복잡하다는 것, 한자어가 많다는 것 등이 그 이유입니다. 일부 일리가 있는 말들입니다. 하지만 결론적으로 이야기하자면 한국어는 그렇게 어려운 언어가 아닙니다.

우선 한국어가 모든 사람에게 어려운 것은 아니라는 점을 이야기하고 싶습니다. 한국어가 배우기 어렵다고 이야기하는 사람들은 주로 미국에 있는 사람들입니다. 영어권의 사람들이 일단 한국어를 어렵게 느끼는 것입니다. 어순이 다르고, 어휘가 전혀 다르고, 존대법이 있으니 복잡하다는 생각이 들기도 할 것입니다. 하지만 일본 사람에게 한국어는 제일 쉬운 언어입니다. 중국인에게도 한국어는 어려운 언어가 아닙니다. 우리와 같은 언어 계통인 몽골이나 터키, 카자흐스탄 등의 사람들에게도 한국어는 비교적 쉬운 언어입니다. 베트남의 경우도 어휘 속에 한자어가 많아서 한국어를 그리 어렵게 생각하지 않습니다. 모든 나라 사람에게 한국어가 어려운 것은 아닙니다.

사실 미국인들도 한국어를 적극적으로 배운다면, 한국어가 그다지 어렵지 않다는 것을 알게 될 것입니다. 한국어의 조사는 말할 때는 '나 밥 먹었어'와 같이 생략되는 경우가 많고, 어순도 자유로운 편입니다. 한자어가 어렵다고 이야기하지만 한자가 단어를 구성하고 기억하는 데 얼마나 도움이 되는지 알게 되면 오히려 한자 때문에 한국어가 쉽다고 이야기할 것입니다. 한국어에 관심이 있는 사람들이 중국어나 일본어에도 관심이 있는 경우가 많다는 것을 생각해 본다면, 한자어는 오히려 장점이 될 수 있습니다.

한국어를 제일 배우기 쉬운 사람들은 누구인가요? 그것은 바로 미주 한인의 자녀들입니다. 일반적으로 언어를 배울 때 제일 어려운 것은 '듣기'인데, 대부분의 한인 자녀들은 한국어를 본격적으로 배우지 않았어도 듣고 이해하는 능력은 갖고 있는 경우가 많습니다. 어휘도 기본적인 생활 어휘는 잘 알고 있는 경우가 많습니다. 따라서 표현하는 능력만 잘 길러주면 되는 것입니다. 말하는 능력을 중심으로, 발음을 중심으로 가르친다면 한국어가 그다지 어렵지 않을 수 있습니다. 읽기 능력과 쓰기 능력은 그 다음의 문제입니다. 어찌 보면 쓰기 능력까지는 별로 필요하지 않을 수 있습니다.

한국어는 그리 어려운 언어가 아닙니다. 우리들부터 그 점을 잘 알고 이야기해 주어야 합니다. 특히 우리 아이들이 가장 배우기 쉬운 언어가 한국어라는 점도 자주 이야기하는 것이 좋습니다. 한국어가 어렵다고 생각하면 한국어를 배우는 데, 의욕이 떨어질 것입니다. 그리고 자신이 못하는 이유를 언어의 문제로 돌릴 것입니다. 선생님들도 한국어를 어렵다고 생각해서는 안 됩니다. 사실은 한국어가 어려운 것이 아니라, 한국어를 어렵게 가르친 것일 수도 있기 때문입니다. 남미의 교포 2세들은 그곳에서 태어났지만 한국어와 스페인어를 완벽하게 구사하는 경우가 많습니다. 가정에서는 한국어만 사용하고, 한글학교를 꾸준히 보낸 집안의 아이들은 모두가 가능한 일입니다.

한국의 경제가 발전할수록 한국어에 대한 요구가 높아질 것입니다. 한국어가 중요한 경쟁력이 되는 것입니다. 또한 경제적인 이유가 아니더라도 부모의 언어를 사용할 수 있다면, 서로의 이해와 사랑을 깊게 할 것입니다. 언어학적으로 이야기한다면 하나의 언어는 하나의 세계를 담고 있습니다. 이왕이면 한 언어를 더 배워 자신의 세계를 넓히는 것이 좋지 않을까요? 그리고 그 언어가 한국어라면 우리 아이들에게 더 좋지 않을까요? 우리 아이들에게는 한국어가 제일 쉽습니다.

한글 수출

쓸 사람도 생각해야 하는 것

한글을 인도네시아의 어느 부족 언어에 수출한다는 이야기가 나왔습니다. 부톤 섬에서 찌아찌아어를 한글로 표기한 교재로 배우기 시작하였다는 기사였습니다. 반가운 기사였습니다. 한글의 우수성을 세계에 알릴 수 있는 좋은 기회가 되겠다는 생각도 들었습니다. 그러나 조금 더 깊이 생각해 보면 마냥 기뻐할 수만도 없는 노릇입니다. 한글의 우수성은 알겠는데, 정말 다른 언어를 한글로 표기하는 것이 바람직한가 하는 기본적인 고민이 필요하기 때문입니다.

한글은 음소문자로서 각각의 음을 표기하는 데 탁월한 문자입니다. 또한 비슷한 문자가 비슷한 음을 나타낸다는 점에서 학습에도 매우 유리한 문자입니다. 반나절만에 배울 수 있는 문자라고 이야기한 것은 학습의 수월성을 보여주는 예가 됩니다. 특히 지금은 쓰지 않지만 훈민정음 반포 시절에 사용하던 문자인 순경음 비읍, 반치음, 여린히읗 등을 사용하면 더 많은 발음을 정확히 표기할 수 있을 것입니다. 서구의 유명한 언어학자나 '대지'의 작가 펄 벅이 한글을 극찬한 것은 다 이러한 이유가 있기 때문입니다.

　　하지만 한글을 수출하기에는 몇 가지 근본적인 문제가 있습니다. 그 중 가장 큰 문제는 한글이라는 문자가 익숙하지 않다는 데서 비롯됩니다. 한글이라는 글자 자체가 아직 세계인들에게는 낯설고, 암호 같은 글자일 뿐입니다. 따라서 문자가 없는 언어라면 굳이 한글을 선택해야 할 필요가 적은 것입니다. 약간의 불편이 있더라도, 알파벳을 사용하는 것이 타이핑을 하거나 책을 만들거나 다른 언어를 배우거나 할 때 훨씬 쉬울 것입니다. 외국에 나가서 한글로 된 웹사이트를 읽고, 한글로 이메일을 보낼 때의 고통을 생각해 본다면, 쉽게 한글을 공식문자로 사용하라고 권하기 어려울 것입니다.

　　기사들에도 나와 있지만, 이미 이러한 시도는 몇 번의 실패를 겪었습니다. 중국 헤이룽장(黑龍江) 유역의 오로첸족(族)이나 태국 치앙마이의 라오족, 네팔 체팡족 등에게 한글을 전파하려했던 노력이나 동티모르에 한글을 보급하려 했던 노력은 모두 실패로 돌아갔습니다. 많은 이유가 있겠으나 낯선 문자였다는 점과 해당 정부의 반대 입장은 큰 걸림돌일 수밖에 없었습니다. 한류가 흘러들어 오는 것도 경계하는 사람들에게 문자까지 한글을 쓰자고 한다면 얼마나 반발이 심할까요? 중국이나 태국이나 네팔이나 다 자신들의 문자가 있습니다. 그리고 인도네시아는 현재 알파벳을 사용하고 있습니다. 국가의 공식 문자를 두고 한국의 문자를 수입해 오기로 결정하는 것은 쉬운 일이 아닙니다. 한글을 수출하려는 노력에 앞서 외국인들이 한국어에 더 많은 관심을 가질 수 있도록 도와주어야 합니다.

선생님에게 필요한 책들

한국어 교육과 독서

　　　　한국어가 중요하다고 이야기하는 분들을 만나보면, 참으로 이상한 현상을 발견하게 됩니다. 한국어에 대한 책은 거의 본 것이 없다는 것입니다. 이것은 한국어를 가르치는 사람들에게서도 똑같이 발견됩니다. 한국어를 가르치기는 하지만 우리말에 대한 책들은 본 적이 없는 것입니다. 기억도 잘 안 나는 고교 시절의 국어 시간을 바탕으로 우리말을 가르칠 수는 없는 노릇입니다.

　　　　우리말을 가르치는 것을 봉사로 한다고 이야기하는 사람도 있습니다. 하지만 봉사에도 전문성이 필요합니다. 전문성이 결여된 봉사는 아이들이 한국어를 싫어하게 만드는 원인으로 작용하기도 합니다. 한참을 가르쳤는데도 아이들이 한국어를 못한다면 그 책임을 다 아이들에게만 돌릴 수 있을까요?

한국어에 대한 전문성을 기르기 위해서는 무엇보다도 독서가 필요합니다. 어려운 책보다는 읽으면서 그대로 지식이 되고 깨달음이 될 수 있는 책들이 필요합니다. 국어학을 전공하고, 한국어 교육에 몸담고 있는 사람으로서 몇 권의 쉬우면서도 귀한 책들을 소개해 보고자 합니다.

우선 '뜻으로 읽는 한국어 사전(이어령)'은 한국어에 담겨 있는 민족의 생각들을 볼 수 있는 책입니다. 어렵지 않으면서도 이어령 선생의 혜안에 감탄하게 되는 책입니다. 우리 어휘의 미묘한 의미 차이에 관심이 있다면 '국어실력이 밥 먹여 준다 1, 2(김경원, 김철호)'를 권하고 싶습니다. 비슷한 단어의 의미 차이를 설명하고 있는 책입니다. 한국어를 가르치는 사람이 제일 설명하기 어려운 것이 비슷한 말이니 큰 도움이 될 것입니다. 또한 바른 우리말 사용에도 길을 보여줄 것입니다. 한자어는 우리말 속에 살아있는 우리말의 일부입니다. 한자어에 대해서 아는 것은 우리말을 이해하는 중요한 방법이 됩니다. 이러한 의미에서 '살아있는 한자 교과서 1, 2(정민, 박수밀, 박동욱, 강민경)'는 새로운 시각과 반성을 느끼게 합니다. 이 책은 어린이용도 있으니 아이들 교육에 활용할 수도 있을 것이고 또 어휘력을 기를 수 있는 책입니다. 단순히 찾는 사전이 아니라 곁에 두고 참고하고, 읽는 사전으로는 '국어어원사전(서정범)'과 '한국어 사전(임홍빈)'을 권합니다. 어원을 통해 우리말의 구조를 바라보는 눈을 키워줄 것이며, 단어의 뉘앙스 차이까지 구별하는 기쁨을 안겨줄 것입니다. 우리말과 관련된 책은 아니지만 오주석 선생의 '한국의 미 특강'과 정민 선생의 '죽비 소리'도 꼭 읽어보기를 권합니다. 깊은 감명에 오랫동안 따뜻함을 느낄 수 있는 책들입니다. '한국의 미 특강'을 읽어보면 우리 문화에 대한 새로운 시각과 관심을 가질 수 있게 됩니다. 우리 문화에 대한 막연한 생각을 뚜렷이 눈앞에 보여주는 책입니다. '죽비 소리'에서는 우리 옛글들을 소개하고 있는데, 그야말로 제목대로 죽비로 한 대 맞은 것처럼, 짧은 글 속에서 깨달음을 얻게 됩니다. 우리 선조들의 삶의 태도를 들여다 볼 수 있는 책입니다.

    한국어에 관한 책들을 보면 한국어에 대한 이해도 깊어지고, 자부심도 자라나게 됩니다. 우리 아이들에게 한국어가 중요하다고만 말하지 말고, 스스로 한국어에 관한 책을 읽는 모습을 보여주는 것이 중요합니다. 꼭 한글학교 선생님이 아니더라도 여기에 소개된 책들은 미루지 말고 한 권씩 읽어 보기 바랍니다. 손에 닿을 수 있는 가까운 거리에

책들을 두고 틈나는 대로 읽어 본다면 큰 기쁨이 될 것입니다. 그리고 가능하다면 여러 번 읽어 몸속에 담아두기 바랍니다. 한국어가 중요하다고 생각한다면.

한류와 한국어

문화에서 언어로

한류는 늘 우리의 예상을 빗나갑니다. 거기까지는 어렵지 않을까 하는 우리의 나약한 마음을 금방 비웃어 버립니다. 항상 한류는 우리를 머쓱하게 만듭니다. 처음에 대만이나 동남아시아 지역에 한국 드라마의 인기가 높아갈 때 그럴 수도 있겠지라는 오만한 생각도 있었습니다. 한류가 중국에 상륙했을 때도 약간 놀라기는 했지만 가능한 이야기라는 반응이 많았습니다. 우리를 처음 충격으로 몰아넣은 것은 일본에 한류가 영향을 미치게 된 것이었습니다. 일제 강점기를 거치고, 일본 문화를 애써 배척하면서도 왠지 주눅 들어 있던 우리에게 일본 사람들의 한류에 대한 열광은 이해되지 않을 정도의 충격이었습니다. 하긴 일본 사람들도 이해를 못했습니다. 자신들이 한국의 대중문화에 열광하리라고는 상상조차 하지 못했다고 합니다. 동남아, 중국, 일본에서는 이러한 한류의 열기가 한국어 학습으로 이어졌습니다. 문화에서 언어로 관심이 넓어지고 있는 것입니다.

한류가 아시아를 넘어 다른 지역으로 향하고 있습니다. 그것도 우리가 기대하기 어려운 곳으로 그 범위를 넓히고 있습니다. 얼마 전에 사우디아라비아에 갈 기회가 있었습니다. 한국의 경제 성장에 밑받침이 되었던 곳, 사우디아라비아. 사우디 공항에서부터 우리가 후진국이라 부르는 곳에서 온 수많은 건설노동자들을 만날 수 있었습니다. 아마 한국인들도 30년~40년 전에는 비슷한 모습이었을 것입니다.

제가 사우디아라비아에 간 이유는 유학박람회 때문이었습니다. 미국과 유럽을 비롯한 각국에서 온 유수의 대학들이 참가한 대규모의 유학박람회였습니다. 그곳에 한국의 대학들도 어깨를 나란히 하며 학생들을 유치하고 있었던 것입니다. 실제로는 한국에 이미 100명이 넘는 사우디 학생들이 유학을 와 있습니다. 우리 학교의 부스를 찾은 사우디 학생들은 몇 마디씩 한국어로 인사를 하곤 했습니다. 그런 사람들이 많았습니다. 한국어를 어떻게 알게 되었는지 물어보니, 줄줄이 한국 드라마 이름이 나옵니다. '대장금', '커피프린스', '성균관 스캔들' 등. 그리고 줄줄이 한국 가수들 이름도 나옵니다. 2PM, 동방신기, 비, 소녀시대 등등. 사우디에서 한류 열풍은 상상 이상이었습니다. 한국에 대한 관심, 한국어에 대한 관심도 이미 높아져 있었습니다.

얼마 전 신문기사에는 프랑스의 이색 시위가 보도되었습니다. 그 내용인즉 한국 아이돌 그룹의 공연을 연장해 달라는 것이었습니다. 원래 1회 공연으로 예정되었던 것인데, 2회로 늘려달라는 시위였던 것입니다. 300여 명이 모인 시위 모습을 보면서 유럽에 한류는 어려울 것이라고 단언하던 유럽의 한국학자들 모습이 생각났습니다. 불과 몇 년 전에 한 이야기인데, 벌써 한류는 유럽에까지 영향을 미치고 있는 것입니다.

중남미의 한류 열풍, 아프리카의 한류 열풍도 이미 시작되었습니다. 한류는 이제 아시아 속에서 일어나는 바람이 아니라, 세계 대중문화의 흐름을 바꾸고 있는 큰 물결인 셈입니다. 한류의 흐름이 한국에 대한 이미지 상승으로 이어지고, 한국이라는 나라에 대한 호기심으로 이어지고 있습니다. 한국을 방문하는 외국인의 수도 점점 늘고 있습니다. 한류가 한국 관광에도 큰 몫을 할 것입니다.

무엇보다도 한류가 한국어를 배우려는 열기로 이어지고 있는 것은 기쁘고 행복한 일입니다. 한국어를 배우면 한류는 더 오래 지속되게 됩니다. 더 뿌리를 내리게 됩니다. 한류 팬들 중에는 한국어로 노래를 따라 부르고, 한국어로 팬레터를 쓰고, 한국어로 드라마를 보고 싶어 하는 사람들이 많습니다. 한국어가 한류의 매개체가 되고 있는 것입니다.

    미주 지역에도 한류가 조금씩 시작되고 있습니다. 아직은 한국 드라마나 가수들이 큰 인기를 끌고 있다고 보기는 어렵습니다. 하지만 기대하세요. 미국에서도 한류가 상상보다 빨리, 그리고 폭넓게 다가올 것입니다. 여기저기서 한국 노래가 들리고, 한국 드라마 이야기로 꽃을 피울 것입니다. 물론 한국어를 배우려는 사람들도 많아질 것입니다. 생각만 해도 얼굴 가득 미소가 퍼집니다.

한류의 조건

상대에 대한 관심

　　최근에 베트남과 말레이시아에 강의를 다녀올 기회가 있었습니다. 베트남에서는 한국과 베트남의 수교 20주년을 기념하여 KOICA와 경희대학교의 컨퍼런스가 있었는데, 거기에서 특강을 하였던 것입니다. 말레이시아에서는 UTAR 대학에서 주최하는 코리아 카니발에서 특강을 하게 되었습니다. 각각 300명, 1,000명 이상이 참가하는 큰 규모의 행사였습니다. 두 곳 모두 모인 사람들의 관심사는 한류에 있었습니다. 한류의 힘을 느낄 수 있는 시간들이었습니다.

　　베트남의 한류 열기는 상상을 초월합니다. 한국어과는 최고 인기 학과에 속합니다. 몇몇 사람들의 설명을 듣고 그럴 수밖에 없겠구나 하는 생각이 들었습니다. 한국어과를 졸업한 학생들의 취업률이 타 전공에 비해 훨씬 높고, 연봉도 두 배가 넘는다는 것이었습니다. 당연히 한국어가 중요한 언어가 될 수밖에 없는 것이었습니다. 뿌듯했습니다. 한국어를 전공하고 있는 사람으로서 자랑스러운 마음이 들었습니다.

말레이시아에서 만난 사람들은 그야말로 남녀노소를 불문하고 한국 드라마와 K-POP 이야기였습니다. 한국 드라마를 우리보다 잘 알고, 한국 가요를 우리보다 잘 불렀습니다. 특히 중고등학생의 높은 열기를 보면서 한류가 단순히 지나가는 바람이 아니겠구나 하는 확신이 들었습니다. 말레이시아에는 한국어학과보다는 한국어 학원의 열기가 훨씬 높았습니다. 한국어가 취업으로 연결된다기보다는 취미 생활과 연결되었기 때문으로 생각되었습니다. 취미로 배우는 외국어에 한국어가 들어있다는 것은 기분 좋은 일입니다. 우리는 취미로 배우는 언어가 있나요?

하지만 한류의 확산은 우리에게 고민거리를 안겨줍니다. 한류가 다른 나라에 긍정적인 영향을 주고 있는가에 대해 생각해야 하기 때문입니다. 우리가 퍼뜨리고 있는 문화가 다른 나라에 나쁜 영향을 미친다면 문제입니다. 말레이시아에서 만난 한 교수님은 한국 연예인들은 마약, 도박, 음주운전 등을 하지 않는 아주 깨끗한 사람들이어서 좋다는 이야기를 하였습니다. 그런 연예인이 자국의 청소년들에게 좋은 본보기가 된다는 것이었습니다. 생각해 보니 한국의 연예인들은 마약, 폭력 등에 관련이 되면 대부분 퇴출이 되는데, 이것이 오히려 한류에는 긍정적으로 작용하고 있음도 알게 되었습니다. 또한 한국 연예인들의 기부도 참 좋은 일이라는 칭찬이 이어졌습니다. 그런 점에서 연예인들의 선행이 더 이어지기를 기대해 봅니다. 그래야 한류가 더 아름다워집니다.

또 하나 한류가 우리에게 안겨주는 고민은 상대에 대한 이해의 문제입니다. 베트남에서도, 말레이시아에서도 우리가 부딪친 문제는 상대방에 대한 이해에 있었습니다. 우리는 베트남의 가요를 알고 있나요? 대중음악을 들으려 하나요? 베트남의 역사나 위치에 대해서는 잘 아나요? 베트남어에 대해서는 아나요? 베트남은 중국이나 몽골, 미국의 침략에 스스로를 지켜낸 그들의 역사를 자랑스럽게 생각하는 나라입니다. 그 자부심은 참으로 대단합니다. 베트남은 어휘의 50% 이상이 한자어여서 한국어를 배우는 데 유리한 조건입니다. 한, 중, 일 외에 베트남도 한자·유교 문화권의 나라인 것입니다. 우리와 생각하는 것과 생활하는 것에서 많은 공통점이 있습니다.

말레이시아의 쿠알라룸푸르나 푸트라자야 같은 곳은

선진국의 주요 도시 못지않게 발전되어 있고, 안정되어 있습니다. 말레이 민족(60%)과 화교(30%), 인도계(10%)의 사람들이 어울려 사는 곳이지만 큰 갈등 없이 조화롭게 사는 곳이기도 하였습니다. 말레이어는 인도네시아어와 비슷한데 비교적 문법이 쉽고, 알파벳을 문자로 사용하여 배우기가 쉽습니다.

    베트남에 가서는 베트남어로, 말레이시아에서는 말레이시아어로 간단히 인사말을 하였습니다. 반응이 뜨거웠습니다. 우리 것을 알리는 동시에 그들의 것을 알려고 노력하는 것이 한류의 조건이라는 생각이 더 단단해진 여행이었습니다.

찾아보기

감탄사(感歎詞)가 절로 난다 | 강의(講義) | 개고기 | 국격(國格) | 금기(禁忌)
기를 살리다 | 깨다 | 꿈 | 나누다 | 나다와 들다 | 나쁘다와 밉다 | 눈에 밟히다
눈여겨보다 | 눈치 | -답다 | 도장 | 마당발 | 마음을 놓다
말 한 마디로 천 냥 빚을 갚는다 | 말과 소리 | 말버릇 | 말빚 | 망향의 그리움
맞먹다 | 맨날 술이야! | 머리가 아프다, 가슴이 아프다 | 먹고 살 만하다
며느아기 | 명사(名詞)와 동사(動詞)의 시각 | 못살다 | 무엇의 대명사(代名詞)
문화(文化) | 믿다와 묻다 | 반말 | 배우다와 깨닫다 | 버시 | 번역(飜譯)
병이 낫다 | 뿌리 교육 | 사람이 되다 | 사람이 변하면 죽는다 | 살림살이
새해가 밝다 | 선선생님에게 필요한 책들 | 선생님의 눈물 | 성인(成人)과 대인(大人)
순례(巡禮) | 스마트(smart) | 스승 | 시차적응(時差適應) | 신경질 | '-씨'
아버지가 한국어를 배우는 이유 | 야(野/夜)하다 | 어머니 | '어서'와 '니까'
언어(言語) | 연예인(演藝人) | 왕따 | 요즘 젊은 것들 | 울음 | 위령제(慰靈祭) | 이름
인간 무상(無常) | 인도네시아의 한국어 풍경 | 인문학(人文學) | 인터뷰(interview)
일본에 부는 한국어 바람 | 자라다 | 재외동포 한국어 전문가 | 절벽(絶壁) | 정
정보(情報) | 제사(祭祀) | 참전의 기억 | 천국(天國) | 추억(追憶)
타임머신(Time machine) | 토를 달다 | 포대기로 키운 아기 | 학습(學習) | 학자(學者)
한 세 시쯤 | 한국어가 제일 쉬운 언어 | 한글 수출 | 한글날 | 한류와 한국어
한류의 조건 | 해님과 달님 | 핵주먹 | 헛기침 | 형용사(形容詞)의 발달

ㄱ

감탄사(感歎詞)가 절로 난다 세상을 살맛 나게 하는 말 • 120

강의(講義) 청중과 대화하는 것 • 285

개고기 또 다른 문화의 모습 • 158

국격(國格) 다른 나라에서 본 우리나라의 가치 • 211

금기(禁忌) 하지 말아야 하는 이유가 있는 것 • 182

기를 살리다 잘할 것이라 믿는 것 • 240

깨다 파괴와 밝음의 세계 • 102

꿈 나의 낮 이야기 • 170

ㄴ

나누다 모두에게 좋은 것 • 247

나다와 들다 원인을 알 수 있는 말 • 46

나쁘다와 밉다 같은 한자(漢子) • 244

눈에 밟히다 두고 온 아린 기억 • 60

눈여겨보다 눈으로 생각한다는 말 • 43

눈치 관심의 언어 • 30

ㄷ

-답다 가장 좋은 칭찬 • 269

도장 나의 모습과 가치 • 225

ㅁ

마당발 열심히 뛰어다녀 얻는 것 • 85
마음을 놓다 집착을 버리는 것 • 16
말 한 마디로 천 냥 빚을 갚는다 해야 하는 말 • 116
말과 소리 느낌을 공유해야 말 • 108
말버릇 내 무의식을 보여주는 것 • 150
말빚 갚아야 하는 말 • 54
망향의 그리움 사할린의 한국어 교육 • 323
맞먹다 함께 먹는 것이 좋은 것 • 94
맨날 술이야! 공감이 필요한 표현 • 233
머리가 아프다, 가슴이 아프다 이성과 감정의 고통 • 91
먹고 살 만하다 만족을 보여주는 말 • 19
며늘아기 늘 보호해 주어야 하는 새 식구 • 66
명사(名詞)와 동사(動詞)의 시각 세상을 바라보는 기준 • 124
못살다 가치 없이 사는 것 • 251
무엇의 대명사(代名詞) 무엇을 대신하거나 대표하는 말 • 132
문화(文化) 평화의 다른 말 • 255
믿다와 묻다 아름답게 변하는 것 • 23

ㅂ

반말 짧게 하는 말 • 147

배우다와 깨닫다 더하는 것과 덜어내는 것 • 36

벗 아내의 좋은 벗 • 70

번역(飜譯) 새롭게 글을 읽는 것 • 282

병이 낫다 병 앞에서 겸손해지는 것 • 26

뿌리 교육 부모님에 대해 알게 하는 것 • 296

ㅅ

사람이 되다 사람다운 사람이 되는 것 • 50

사람이 변하면 죽는다 죽는 날까지 변해야 하는 것 • 81

살림살이 우리를 살리는 것들 • 40

새해가 밝다 밝은 것이 진리 • 237

선생님에게 필요한 책들 한국어 교육과 독서 • 333

선생님의 눈물 아픔 또는 그리움 • 275

성인(成人)과 대인(大人) 사람이 된, 더 아픈 사람 • 88

순례(巡禮) 물이 되는 것 • 278

스마트(smart) 때로는 전원을 끄는 행위 • 207

스승 늘 찾아야 하는 분 • 272

시차적응(時差適應) 자연에 순응하는 것 • 57

신경질 나와 남을 다치게 하는 것 • 178

'-씨' 우리 삶에 중요한 요소 • 174

ㅇ

아버지가 한국어를 배우는 이유 로스토프의 한국어 교육 • 308

야(野/夜)하다 모든 것을 드러내는 것 • 38

어머니 한 명이면서 여러 명인 분 • 73

'어서'와 '니까' 삶을 보여주는 문법 • 154

언어(言語) 자신을 가두는 생각 • 111

연예인(演藝人) 세상을 아름답게 바꿀 수 있는 사람 • 196

왕따 없어져야 하는 말 • 188

요즘 젊은 것들 새로운 세상의 주인공 • 229

울음 가슴을 울리는 소리 • 12

위령제(慰靈祭) 인간의 기본적인 도리 • 214

이름 부르고 싶은 말 • 200

인간 무상(無常) 인간은 변한다는 의미 • 63

인도네시아의 한국어 풍경 인도네시아의 한국어 교육 • 319

인문학(人文學) 사람의 향기가 나는 학문 • 204

인터뷰(interview) 내 안을 보여주는 일 • 218

일본에 부는 한국어 바람 일본의 한국어 교육 • 315

ㅈ

자라다 잘하기 위한 것 • 77
재외동포 한국어 전문가 재외동포가 잘할 수 있는 일 • 300
절벽(絕壁) 새로운 세상을 만나는 곳 • 166
정 감정에 충실한 것 • 162
정보(情報) 감정이 아는 것 • 258
제사(祭祀) 아련한 그리움 • 33

ㅊ

참전의 기억 태국의 한국어 교육 • 311
천국(天國) 서로가 행복한 세상 • 98
추억(追憶) 그리움을 담은 기억 • 221

ㅌ

타임머신(Time machine) 간절한 바람이 만들어낸 기술 • 192
토를 달다 덧붙이는 말 • 143

ㅍ

포대기로 키운 아기 입양인을 위한 한국어 교육 • 304

ㅎ

학습(學習) 틈만 나면 하고 싶은 것 • 288

학자(學者) 늘 배우는 사람 • 266

한 세 시쯤 상황을 고려한 시간 • 139

한국어가 제일 쉬운 언어 • 326

한글 수출 쓸 사람도 생각해야 하는 것 • 330

한글날 언어의 날 • 292

한류와 한국어 문화에서 언어로 • 337

한류의 조건 상대에 대한 관심 • 341

해님과 달님 자연과 가까워지려는 마음 • 136

핵주먹 폭력에 길들여진 말 • 261

헛기침 내가 있음을 알리는 배려 • 113

형용사(形容詞)의 발달 세상의 변화를 보여주는 말 • 128